No: 855.   O. 4.

Mʳ LE COMTE
DE FALCKENSTEIN

ANECDOTES
INTÉRESSANTES
ET
HISTORIQUES
DE L'ILLUSTRE
VOYAGEUR,

Pendant son séjour à Paris.

DÉDIÉS A LA REINE.

Par Monsieur du Coudray.

SECONDE ÉDITION,

Corrigée & augmentée.

A PARIS,

M. DCC. LXXVII.

Avec Approbation & Privilège du Roi.

EPITRE
DÉDICATOIRE

A LA

REINE.

MADAME,

Le Roi ayant jugé à propos de ré-
former ſes deux Compagnies de Mouſ-
quetaires où j'avois l'honneur de ſervir

A 2

Sa Majesté : n'étant plus occupé de l'art militaire, je me suis entierement adonné aux Lettres. Je commençois d'écrire l'histoire des Maréchaux de France : j'ai quitté cet ouvrage national, cet ouvrage où l'on verra une foule de Héros qui font tant d'honneur à la France, pour composer cette brochure dont l'objet seul fait tout le mérite, & que j'ose vous dédier, MADAME. Daignez l'agréer, comme une preuve de la persuasion où je suis, que la publier, c'est répondre à vos sentimens naturels, à cette tendresse fraternelle à laquelle toute la France applaudit.

Je suis avec le plus profond respect,

MADAME,

DE VOTRE MAJESTÉ,

Le plus humble, le plus obéissant, le plus soumis & le plus fidel sujet & serviteur, le Chev. DU COUDRAY, ci-devant Mousquetaire du Roi.

ANECDOTES
DE L'ILLUSTRE
VOYAGEUR.

INTRODUCTION.

Le malheur forme l'homme: les voyages forment les Rois: ce n'eſt point dans une Cour brillante, au milieu des plaiſirs ſenſuels, des voluptés trompeuſes, entouré de flatteurs & d'adroits courtiſans, qu'un jeune Souverain pourra ſe former l'eſprit & le cœur. La lecture pourra l'inſtruire des uſages & des coutumes des autres Nations; mais le grand art de régner, l'art de rendre ſes peuples heureux, ne s'apprend point dans les livres; il faut voyager. Perſuadés de l'u-

A 3

tilſté des voyages, le Czar PIERRE le Grand, CHRISTIAN VII, Roi de Dane-marck, & GUSTAVE III, Roi de Suede, ont viſité différentes Nations.

JOSEPH II, qui a vu une grande par-tie de l'Europe en Voyageur éclairé; vient en France ſous le nom de Comte de *Falkenſtein* *: le déſir de s'inſtruire

---

On ſait que Falckenſtein eſt un Comté d'Al-lemagne appartenant à l'Empereur au moyen de la réſerve qui en a été faite dans le Trai-té de Ceſſion de la Lorraine en 1735.

Ce fief de l'Empire ſitué vers les confins de la Lorraine & de l'Alſace, eſt reſté par les Traités, en propriété au feu Empereur *Fran-çois I*, lors de l'échange de la Lorraine. Ce Prince qui n'étoit alors que Grand Duc de Toſ-cane, voulut conſerver un fief immédiat, un *Etat d'Empire*, un *radical* au moyen duquel il reſtoit Membre du Corps Germanique, & par conſéquent un ſujet éligible pour la Cou-ronne Impériale. Ce *radical* fut le Comté de Falckenſtein, du *Cercle de Suabe*, par lequel les Ducs de Lorraine avoient toujours été *Co-Etats* de l'Empire; comme ayant voix & ſéance au banc des Comtés de ce Cercle. C'eſt d'ail-

des mœurs & des ufages d'un peuple célèbre , & de voir les chef-d'œuvres qu'il
a produits, n'eft point le feul motif de
fon Voyage ; les liens du fang ont trop
de pouvoir fur fon ame fenfible pour ré-
fifter plus long-tems au plaifir de revoir
une SŒUR adorée. Que ne devons-nous
pas à l'augufte alliance qui unit aujour-
d'hui les deux plus grandes Maifons. Sans
cet heureux événement euffions-nous vu
au milieu de nous le moderne *Titus.* S'il
fe dérobe à des fujets qui foupirent après
fon retour ; fi les inftans qu'il a paffés
en France font comptés en Autriche, à
qui fommes nous redevables de ce fa-
crifice ?...

La plupart des hiftoriens recueillent
avec foin les détails d'une bataille; ils

leurs le plus ancièn patrimoine de la Maifon
de Lorraine , & plufieurs hiftoriens & publi-
ciftes Allemands qui la font defcendre de celle
d'Alface , branche cadette de celle des Ducs
de Zevinghen , croyent que le Comté de Falckenftein étoit l'appanage de la branche de cette
Maifon dont fut iffu Gérard d'Alface , premier
Duc & Marchis de Lorraine , en 1060.

comptent les morts & les bleſſés; ils s'em-
preſſent d'annoncer le malheur d'un grand
nombre de familles, ou la ruine d'un
Etat: les mémoires fideles & nombreux
ne manquent point à l'écrivain, & il lui
eſt malheureuſement facile de faire un
gros volume. Celui que nous offrons aujourd'hui à l'empreſſement du Public eſt
un monument en l'honneur de l'humanité. On y trouvera ce que nous avons
pu recueillir des actes de généroſité, de
bienfaiſance & d'humanité de ce *Voya-*
geur, ſi digne de reſpect & d'admiration,
& qui réunit en lui les grandes qualités
que doit avoir un Souverain, & les vertus de l'homme privé.

SA MAJESTÉ IMPÉRIALE partit de
Vienne le 2 d'Avril 1777 pour la France;
Elle s'arrêta à Munich, & trouva en deſ-
cendant à une hôtellerie de cette Ville
le Secrétaire de M. le Comte de la Luzerne chargé de lui demander s'il ſeroit
permis à ſon Maître de venir lui préſen-
ter ſes hommages. L'Empereur répondit

que M. le Comte de la Luzerne ne devoit aucun égard à un Voyageur, & que des prévenances aussi marquées regardoient plutôt M. le Comte de *Falckenstein* que le Ministre du Roi de France. En conséquence le Secrétaire se retira ; mais à peine entroit-il dans l'appartement du Ministre pour lui rendre cette réponse, que l'Empereur étoit au bas de l'escalier.

✤

Le Duc de Wirtemberg craignant que Sa Majesté Impériale, ne voulût comme à son ordinaire, s'arrêter dans une Hôtellerie publique lorsqu'Elle passeroit par cette Ville, se servit d'un moyen très-ingénieux pour l'engager à loger chez lui. Il commanda que l'on ôtât toutes les Enseignes des auberges de la Ville, & sur la seule porte de son Palais il y en fit mettre une où on lisoit HÔTEL IMPÉRIAL GARNI. L'Empereur fut sensible à un empressement aussi flatteur ; il en a témoigné sa reconnoissance au Duc en restant avec lui plus de tems qu'il ne l'avoit projetté.

❉

A une lieue de Strasbourg, ce Prince fut reconnu par quelques perſonnes, & quoique l'on ſçut le ſoir ſon arrivée dans la Ville, on ne s'aviſoit pas de le chercher à la Comédie. Il y étoit cependant placé aux ſecondes loges. Il parloit à une bourgeoiſe dont il careſſoit l'enfant, lorſqu'il fut apperçu du parterre. Les acclamations & les applaudiſſemens l'obligerent d'entrer dans la loge de M. le Marquis de Vogué.

Pendant ſon ſéjour dans cette Ville, un Déſerteur de ſes troupes fendant la preſſe ſe jetta à ſes pieds & lui demanda ſa grace avec la permiſſion de rejoindre ſon corps. Sa grace lui fut accordée; mais le Prince ayant ſçu de cet homme qu'il étoit établi depuis longtems à Strasbourg, lui défendit de retourner à ſon régiment. M. le Comte de *Falckenſtein* n'a point voulu que le premier pas qu'il faiſoit en France enlevât un ſujet utile à ce Royaume.

❉

En entrant en France par Strasbourg le neuf Avril, *l'Illustre Voyageur* voulut loger à l'auberge, & y manger seul. Le Marquis de Voqué, Commandant dans la Province, aussitôt après son arrivée alla prendre ses ordres; il l'accompagna le 10 & le 11 dans les courses qu'il fit pour voir les fortifications de la place & de la citadelle, l'arsenal, ses chantiers & ses atteliers, les établissemens intéressans pour l'humanité, tels que l'hôpital militaire, l'hôpital bourgeois, & la maison des enfans trouvés. Pendant ces deux jours, M. le Comte de *Falckenstein* fut à la parade sur la place d'arme, & y vit défiler une partie des troupes de la garnison; il visita la cathédrale & fut voir le tombeau du Maréchal de Saxe, dans l'Eglise de Saint-Thomas; il assista dans la salle ordinaire du spectacle à une réprésentation du barbier de Séville & de la Fausse Magie. Il partit ensuite pour aller coucher à Pfaltzbourg. Il s'arrêta également à Metz & à Nancy. Arrivé dans cette derniere Ville, M. le Comte de *Falckenstein* ne voulut voir personne; le lendemain il alla seulement entendre la meſſe à l'Egliſe des Cordeliers où les Princes de la maiſon de Lorraine ont leur ſépulture; il viſita enſuite les cazernes, l'hôpital militaire, celui de Saint-Charles, & partit après avoir aſſiſté à la parade.

❖

On raconte l'aventure ſuivante, arrivée dans ſa route de Strasbourg à Paris.

Ce prince deſcendit dans une Auberge, ſans faſte, & preſque ſans ſuite; la ſervante dit à Sa Majeſté Impériale: „ On „ dit que l'Empereur va venir, je le de- „ ſire bien; il me donnera ſans doute „ de quoi payer le couvert d'argent qui „ ſe trouve perdu, & dont je réponds, „ car il eſt généreux. „ Le lendemain en partant, l'Illuſtre Voyageur fit donner à cette fille quatre louis d'or.

❖

M. le Comte de *Falckenſtein* s'arrêta ſur la même route dans un village ſitué près d'une forêt; en attendant le dîner, il se promena avec un seul Gentilhomme, pour voir les environs, que l'on disoit être charmans. La curiosité les ayant poussés un peu loin dans le bois, ils s'égarent; ils apperçoivent une longue avenue qui conduit à un Château, ils la prennent, & étant arrivés, ils demandent le Seigneur de l'endroit; on leur répond qu'il n'y est pas, mais que l'on trouvera Madame; on les introduit dans le Sallon; la Maîtresse du Château, après les complimens ordinaires, leur fait servir à dîner, & leur demande permission de partir pour aller voir l'*Empereur*. Ceuxci reprennent que Sa Majesté Impériale ne passera pas de si-tôt, qu'ils en sont sûrs, étant Officiers de sa suite. „Vous „m'en donnez votre parole, Messieurs, „reprit la Dame, ainsi je n'irai point re„joindre mon mari.„

Pendant le repas on parla beaucoup de l'Empereur: la Dame exalte les talens de ce Prince, ses vertus, les éminentes qualités de son cœur & de son esprit: „Enfin, dit-elle, c'est un Prince ac„compli, & je meurs d'envie de le voir.

„ Meſſieurs, ajouta-t-elle, vous m'avez
„ aſſurée que l'Empereur ne paſſeroit de
„ deux heures : Oui, Madame, lui
„ répondirent-ils une ſeconde fois.

A la fin, il fallut partir, il fallut
dénouer la piece. M. le Comte de *Falckenſtein* prit la parole & dit: „ Vous paroiſſez
„ avoir grande envie, Madame, de voir
„ l'Empereur. --- Oui, Monſieur, car
„ c'eſt un ſi bon Prince ! --- Je puis
„ ſatisfaire votre curioſité : Voici une
„ tabatiere ſur laquelle eſt ſon portrait ".
La Dame accepte la tabatiere d'or, examine le portrait, & voit que c'eſt celui
de l'Illuſtre Inconnu qu'elle a l'honneur
de poſſéder en ſon Château. Des larmes
de joie coulent de ſes yeux; elle ne peut
s'exprimer nettement, elle balbutie quelques mots de reconnoiſſance. Eloge muet,
mais bien flatteur pour une ame ſenſible
& telle que celle de M. le Comte de
Falckenſtein.

❖

Ce Prince arriva à Paris le dix-huit

d'Avril vers les quatre heures du foir.
Comme on n'étoit pas fûr de fon arrivée
ce jour là , & qu'il faifoit très-mauvais
temps, il ne fe trouva pas beaucoup de
monde à fon paffage. Il defcendit au petit
Luxembourg où loge le Comte *de Merci*,
fon Ambaffadeur. Le 19 au matin il fe
rendit à Verfailles , fans fafte, fans train ,
fans fuite ; après avoir vifité Leurs Majeftés,
la Reine le conduifit chez les Princes &
Princeffes de la Famille Royale. Il fit
un dîner très-gai avec le Roi & la Reine
dans les petits Appartemens. Le même
jour il alla voir tous les Miniftres, & il
revint coucher à Paris.

M. le Comte de Merci , fon Ambaffadeur ordinaire , étant malade, ce Prince
s'eft fait accompagner par le Comte de
Belgiofo, Envoyé Extraordinaire de Leurs
Majeftés Impériales à la Cour de Londres.

❖

M. le Comte de *Falckenftein*, en allant
voir la Ménagerie , fe préfenta accompagné d'une feule perfonne : le Concierge

lui dit poliment que l'ufage étoit de ne
montrer la Ménagerie que quand il y avoit
un nombre fuffifant de perfonnes ; il
attend , & fe promene fous les arbres.
Le monde arrive infenfiblement ; on
ouvre les portes , & le Prince entre avec
la foule, il voit, il confidere, il examine
comme les autres ; le Concierge alors
prend la parole & dit à la compagnie :
,, Meffieurs, dépêchez-vous, je vous prie ;
,, nous attendons l'*Empereur*, il faut qu'il
,, n'y ait perfonne lorfque Sa Majefté
,, Impériale fera entrée." Notre Illuftre
Voyageur ne dit mot , & continue de
fatisfaire fa curiofité ; en fortant , il fit
donner au Concierge , par fon conducteur,
dix louis.

On raconte cette aventure de cette
autre maniere. M. le Comte de *Falckenftein* alla un matin voir la Ménagerie ;
il fe préfenta , & le Concierge lui dit
que dans une heure le coche arrivoit,
& qu'il fe donnât la peine d'attendre. On
ajoute qu'un Anglais l'écoutant raifonner

&

& parler en connoisseur de ces différens animaux ; il le prit par la manche, & lui dit : *Monsieur, Monsieur, expliquez-moi cela.*

❋

Notre Illustre Voyageur fut voir l'Hôtel Royal des Invalides : il trouva ce monument superbe & digne de Louis XIV ; il en témoigna sa satisfaction à notre Auguste Monarque ; ajoutant qu'il avoit vu avec plaisir ces vieux & braves Militaires.

❋

Il a visité aussi nos Hôpitaux, les Enfans - Trouvés, & particulierement l'Hôtel - Dieu, &c. Dans cet azile de la pauvreté souffrante, son cœur fut ému ; malgré l'ordre & la propreté qui y regnent, il ne put voir sans gémir quatre ou cinq malades dans un lit. Les pauvres convalescens se ressentirent de ses bienfaits. Sa Majesté Impériale y fit remettre dix mille francs.

❋

B

Notre Augufte Voyageur a été rendre vifite à plufieurs particuliers de l'un & de l'autre fexe dans cette capitale ; ces vifites ont toujours été accompagnées de préfens, de cadeaux, avec les paroles les plus honnêtes, & fouvent de complimens flatteurs ; il ne pouvoit fouffrir que fa préfence gênât qui que ce fût ; il avoit l'attention de fe mettre au niveau de tous ceux qu'il honoroit de fa préfence, & il banniffoit la contrainte du cérémonial. Je cherche à connoître la vérité, difoit-il, parlez avec franchife, ne me déguifez rien, je veux m'inftruire, &c. Dans une de ces vifites quelqu'un lui ayant demandé librement ce qu'il penfoit de la guerre de l'Angleterre avec fes Colonies ; il répondit : *au métier que je fais, je fuis pour les Royalifes.*

Dans les premiers jours de fon arrivée, on lui préfenta ces Vers à l'Hôtel de fon Ambaffadeur :

O le bon Prince ! ö l'agréable Maître !
Qui ne veut au Public fe montrer ni paraître.

Malgré qu'il cache à tous son esprit & son cœur ;
Ses talens, ses vertus, on a sçu les connoître.
Comte de *Falckenstein* ! Illustre Voyageur !
Chacun se dit tout bas : vous êtes l'*Empereur*.

❖

Le 5 de Mai on donna à Versailles sur
le grand Théatre de la Cour, une représentation de l'Opéra de Castor & Pollux,
pour M. le Comte de *Falckenstein*. On ne
pouvoit sans doute choisir un autre Drame
lyrique pour donner à ce Prince une idée
de notre musique. Mlle. Arnould qui a
fait long-tems les délices de la Capitale
y développa toute la beauté de son organe,
& toutes les richesses de son art dans le
rôle de Thélaïre ; elle y fit voir cet
accord si rare des talens d'Orphée & de
Melpomene ". Tout a contribué à embellir
cette représentation, dit *l'Auteur des Affiches de Province* ; l'assemblée la plus auguste
& la plus brillante ; dans la plus magnifique salle qu'il y ait en France ; la beauté
des décorations, l'agrément des danses,
& les talens des principaux Acteurs, qui
semblent acquérir tous les jours une plus

B 2

grande perfection. La célèbre Actrice qui
a le plus contribué au succès de cette
représentation, n'a pu s'empêcher d'écrire
au Prince qui en étoit l'objet, & de lui
donner des marques de sensibilité pour
ses grandes qualités.

THÉLAIRE.

A M. le Comte de FALCKENSTEIN.

Si je n'eusse voulu voir qu'un joli homme,
MONSIEUR LE COMTE, je me serois procuré facilement ce plaisir en me mêlant
dans la foule qui vous a souvent environné. Mais toute la France vous annon-
çant pour un homme qu'il faut connoître,
quels prétextes & quels titres m'en eussent
procuré les moyens! Eh bien! MONSIEUR
LE COMTE, le proverbe qui dit qu'*à quelque
chose malheur est bon*, a raison, & vous
jugerez qu'il dit vrai.

Si je vous eusse connu, & qu'il m'eût
fallu vous voir partir, j'aurois des regrets
éternels, au lieu que n'ayant point eu cet
avantage, il ne me reste qu'à vous sou-
haiter une bonne santé & un heureux

voyage ; car petits & grands difent que cela les intéreffe , & moi qui fuis de l'un & l'autre rang , parce que je fuis tour à tour Reine & Bergère , je vous protefte que perfonne au monde ne forme des vœux plus fincères pour votre confer-vation que la Bergere *Sophie* & la Princeffe *Thélaïre.*

De la cabane Sophie au Port à l'Anglais, le 29 Mai 1777.

❊

On rapporte l'aventure fuivante de différentes manieres : le lieu de la fcène ne varie pas , c'eft toujours au Café de la Régence. M. le Comte de *Falckenftein* entre dans ce Café pour y jouer une partie d'échecs ; il n'y trouve perfonne. La Maî-treffe lui dit , que c'eft à caufe de l'*Em-pereur* qui devoit venir au Palais Royal, „ voici plufieurs fois que cela arrive , „ dit-elle , & cela me fait grand tort ; „ je ne vends rien le matin , tout Paris „ veut voir l'*Empereur* ; il eft naturel „ d'eftimer ceux qui font du bien. „ Trois ou quatre perfonnes viennent &

refusent toutes de jouer à cause de *l'Empereur*. Notre Illustre Voyageur reste seul , parle à la Limonadiere , & lui demande si elle a vu l'Empereur : cette femme répond , que son état l'en empêche ; mais qu'elle fera ensorte de s'échapper un matin pour l'aller voir à son Hôtel, parce que ce Prince est d'un abord facile. M. le Comte de *Falckenstein* ne dit mot , tire un louis d'or & le lui donne ; il ajoute : „ Voilà Louis XVI , & voilà l'*Empereur*. ”

❧

L'autre version dit , que M. le Comte de *Falckenstein* entra au Café de la Régence , & demanda à jouer aux échecs. Une personne seule s'offrit pour faire sa partie , à condition qu'elle seroit très-courte : mais comme elle ne finissoit pas , ce joueur fort inquiet , se tourne , se remue , frappe du pied , & M. le Comte de *Falckenstein* demande à cette personne ce qu'elle a : „ Monsieur, dit-il, c'est „ que l'*Empereur* doit venir au Palais „ Royal , & que j'ai grande envie de le

« voir : ainsi remettons la partie à ce
« soir, ou à demain matin".

✿

L'Académie Françoise reçut la visite
de M. le Comte de *Falckenstein* ; la Compagnie en Corps l'attendit à l'entrée de
l'Antichambre. Arrivé dans la salle, il
demanda qu'on lui nommât tous les
Académiciens présens. Il s'assit au milieu
d'eux sans vouloir prendre une place
distinguée. Pour lui donner une idée
des divers objets dont l'Académie s'oc-
cupe, on fit en sa présence différentes
lectures. M. d'*Alembert*, Secrétaire perpétuel, lut d'abord quelques *synonymes*,
& ensuite l'*Eloge de Fenelon*. M. *de la
Harpe* lut quelques morceaux du premier
Chant de la *Pharsale* en vers François ;
& M. *Marmontel*, le commencement
d'un *Discours* en vers sur l'histoire.

La séance finie, l'Académie eut l'honneur de présenter à M. le Comte de
Falckenstein un de ses jettons qu'il voulut
bien accepter ; Elle en donna de même

B 4

un , à chacune des perſonnes qui l'accompagnoient. L'Académie lui demanda
ſon portrait ; le Prince lui fit eſpérer
cette faveur ; il ſe retira en marquant
beaucoup d'eſtime aux Académiciens , &
il exigea qu'on ne le reconduiſît pas.

Sa Majeſté Impériale honora auſſi de
ſa viſite l'Académie des Inſcriptions &
Belles - Lettres. Dès que la Compagnie
fut avertie de ſon arrivée , elle alla au
devant de l'Illuſtre Etranger , & lui offrit
la place de Préſident qu'il refuſa d'accepter. Lorſqu'il eut pris ſéance , M.
Dupuy , Secrétaire perpétuel , fit la lecture des titres de différens Mémoires.
M. *le Beau* en lut un ſur *la Diſcipline
du Soldat légionaire* , & ſur *les Délits &
les peines militaires*. M. de *Villoiſon*
donna une note ſuccinte de ſon travail
ſur les ouvrages de l'Impératrice Eudoxie.
M. l'Abbé *Ameilhon* fit enſuite la lecture
de deux extraits : 1°. de la Préface que
M. *Dupuy* doit mettre à la tête d'un
fragment grec d'*Anthemius* , *ſur différens
paradoxes de méchanique* : 2°. du premier
Mémoire de ſa compoſition *ſur la maniere*

dont les anciens exploitoient les mines d'or
& d'argent , & fur leurs procédés dans
la manipulation de ces deux métaux.
Lorſque la féance fut terminée , on préfenta à M. le Comte de *Falckenſtein* un
jetton qu'il eut la bonté d'accepter. Les
perſonnes qui l'accompagnoient en reçu-
rent auſſi chacun un.

L'Académie des Sciences eut auſſi l'honneur de recevoir M. le Comte de *Falchenſtein* ; ce Prince environné d'Académiciens du premier mérite , ne voulut
accepter aucune place diſtinguée ; il ſe
plaça fur une des chaiſes deſtinées aux
Etrangers que l'Académie reçoit quel-
quefois à ſes féances. M. *Lavoiſier* lut
un Mémoire contenant quelques *expériences
fur les différentes eſpeces d'air* ; M. *le Roy* ,
un extrait de la Préface de ſon ouvrage
fur les *Hôpitaux* ; M. *de Montigni* , le
Rapport d'une machine pour éprouver
la poudre à canon , de l'invention de
M. *le Chevalier d'Arci.* Ce dernier préſenta à M. le Comte de *Falckenſtein* un
fuſil de ſon invention qui doit être
approuvé par ſa compagnie.

Dans cette même féance, M. *Lavoifier*
fit une expérience très-curieufe fur les
effets de l'air-fixe, en faifant mourir un
oifeau qui en fut frappé comme de la
foudre. L'Académie crut que l'oifeau
étoit mort; mais M. *Sage*, dont les connoiffances en chymie font très-étendues,
demanda cet oifeau : il mit dans le creux
de fa main un peu d'alkali-volatil fluor ;
il en frotta le dedans du bec de l'oifeau
qui fit alors quelque mouvement, &
parut refpirer avec des convulfions.
L'Académicien dit au Prince qui regardoit
l'expérience avec attention : je crains de
m'être trop preffé, & que l'oifeau ne
meure une feconde fois, je vais le refrot-
ter avec l'alkali-volatil fluor : l'oifeau revint
à la vie par degrés & s'envola : plufieurs
perfonnes ayant demandé qn'on ouvrit
la fenêtre, il reçut la liberté avec une
nouvelle vie. Cette expérience eft, dit-on,
de la plus grande conféquence pour l'humanité, puifqu'elle annonce un remede
aux Afphyxies, & fur-tout à celles qui
font méphitiques; il ne falloit pas moins
que la préfence de M. le Comte de
Falckenftein pour la faire connoître avec

éclat & l'employer au bien être de la Société.

※

Les Journaliftes ont configné dans leurs Feuilles les pieces de vers que la verve de nos Poëtes a produites, jaloux de célébrer à l'envi les uns des autres la noble fim-plicité qui pare la perfonne & toutes les actions de M. le Comte de *Falckenftein*. Il en a paru encore d'autres imprimées féparément, telle que celle-ci, par la Mufe Limonadiere.

> Depuis cette augufte Alliance
> Formée entre l'Aigle & les Lys,
> Loin d'être un Etranger en France,
> Vous y trouvez votre pays,
> Et fur-tout par la reffemblance
> Des grandes qualités entre VOUS & LOUIS:
> La juftice & la bienfaifance
> Vous font chérir de vos Sujets ;
> Mais tout peuple aime à voir de près,
> Ceux qui font bénir leur puiffance ;
> Plus ils prodiguent leur préfence,
> Et plus les cœurs font fatisfaits.
> Vous ordonnez fur Vous qu'on garde le filence,
> Mais en vain vous voulez voyager inconnu,
> Prince, trop d'éclat vous devance,
> Et c'eft celui de la Vertu.

❧

Nous rapporterons ici ce qu'un Jour-
naliste estimable a dit dans sa feuille
(affiches de Province N°. 22.) relative-
ment au Voyage de l'Illustre Etranger.
Nous ne pouvons recueillir trop de ma-
tiere sur cet objet agréable, & c'est peut-
être le seul cas où la compilation n'a rien
de fastidieux.

„ Un Homme de Lettres, dont on sera
charmé de revoir ici les productions, vient
de me faire parvenir les deux Pièces de
vers suivantes, sur M. le Comte de
Falckenstein : il a eu l'honneur de s'entretenir avec lui près d'un bon quart-
d'heure. Dans une lettre qu'il m'écrit à
ce sujet, il ajoute ces propres termes :
„ Que vous dirai-je ? Ce Prince, dans le
„ peu de tems que nous l'avons possédé
„ (à l'hôtel d'Evreux), m'a paru rempli
„ de bon sens, d'esprit & de connois-
„ sances. Il parle notre langue aussi
„ bien & aussi aisément qu'un courtisan
„ de Versailles. Je ne vous dis rien de
„ sa figure, que tout le monde à présent
„ connoît. C'est la noblesse, la grace

„ & l'aifance unies à la plus grande
„ fimplicité ". Les quatre vers latins
qu'on va lire, font analogues à l'avis
inféré dans la feuille du 14 de ce mois.

Valefeum Auftriades , faftu fpectabilis , olim
Invifit noftri quod ftupuere patres.
Nunc iterum qui Cæfar adeft, quam fimplice cultu!
Virtutem virtus fcilicet hofpes adit. Q.
Majeftati velatæ.

Air : *De Jocondé.*

Quand le Soleil femble à nos yeux
Dérober fa préfence ;
D'un jour plus doux nous fentons mieux
L'agréable influence.
Ce que vous refufez d'honneurs ,
Et d'éclat & de gloire ,
Sera configné dans nos cœurs
Bien mieux que dans l'hiftoire. Q.
Satis eft potuiffe videri. Virg.

L E T T R E.

„ Vous favez que depuis quelques
années, immédiatement après la revue du

Roi à la plaine des Sablons, le Régiment des Gardes Françoises, répéte au Champ de Mars ses évolutions, en y ajoûtant l'exercice à feu. Le plaisir dont jouit le public, en voyant ce spectacle vraiment intéressant pour une Nation, qui aime ses défenseurs, a été augmenté aujourd'hui par la présence de M. le Comte de *Falckenstein*. Rien n'étoit plus agréable, plus varié que le concours des personnes que cette circonstance y avoit attirées. Pour donner à cette espèce de Fête un air champêtre, chacun sembloit s'être entendu pour laisser à la ville l'embarras de la toilette & l'éclat des ajustemens ; on auroit cru à la simplicité si touchante des personnes de la plus grande distinction que la scène se passoit loin de Paris. M. le Comte de *Falckenstein*, après avoir admiré la beauté de ce Régiment & applaudi à l'habileté de ses manœuvres, a voulu voir ensuite jusqu'où alloit l'attention du Colonel (à qui la Capitale surtout a tant d'obligations.) Il s'est transporté à l'Hôpital des Gardes, & n'a pas dédaigné d'entrer dans tous les détails qui concernent l'administration de cette maison : il a témoigné sa satisfaction à M. le Maréchal de Biron.

Vous conviendrez , Meſſieurs , qu'il feroit à ſouhaiter que nos Guerriers euſſent de temps en temps pour témoins de leurs exercices cette partie ſenſible de la Nation qui en fait l'agrément & les délices dans un lieu ſurtout ſi propre par ſa ſituation, à relever l'éclat de ces ſortes de ſpectacles, & à les rendre intéreſſans & pittoreſques. En faudroit - il davantage pour nous rappeller ces Fêtes charmantes de la Grèce, où une Nation courageuſe & avide de plaiſirs, employoit dans ces jeux les deux paſſions les plus puiſſantes , la gloire & l'amour. Nos jolies Femmes & nos braves Militaires, ne le cédent en rien à ces Spartiates dont on vante la beauté & la valeur. Nous verrions réaliſer ces déſcriptions agréables que nos Hiſtoriens & nos Poëtes nous ont tracées avec tant de goût, & cette vérité que M. Marmontel a ſi heureuſement exprimée dans un de ſes jolis Opéra, & qui ſemble convenir particulierement à notre Nation, feroit plus généralement & plus vivement ſentie : *Rien ne plaît tant aux yeux des Belles que le courage des Guerriers.*

Les Spectacles de cette Capitale ont été honorés plusieurs fois de la présence de M. le Comte de *Falckenstein*. La Comédie Françoise a été celui qu'il a le plus fréquenté. La Nation assemblée *par extrait* dans un petit espace, applaudissoit aux mœurs simples & antiques d'un Prince qu'elle ne voyoit qu'à peine, & qui gardoit un incognito trop incommode ; elle auroit désiré que le voile tombât pendant le peu de momens du rendez-vous. Mais l'impatience de jouir de la vue d'un Prince chéri & respecté ne lui fit rien perdre du sentiment qui l'anime quand elle est honorée de la présence de Souverains. Elle en donna des témoignages éclatans lors de la représentation de l'*Œdipe* de *M. de Voltaire*. M. le Comte de *Falckenstein* y assistoit avec notre Auguste REINE. A la première scène du quatrieme Acte où il est question du voyage de Laïus, les quatre vers que Jocaste dit à son fils :

——— Ce Roi plus grand que la fortune
Dédaignoit COMME VOUS une pompe importune,
On ne voyoit jamais marcher devant son char
D'un bataillon nombreux le fastueux rempart.

furent vivement sentis par tous les spectateurs.

tateurs. Jamais application ne fut plus
heureufe; le parterre & les loges applaudirent à l'allufion.

Une repréfentation de *l'Iphigénie* du
Chevalier Gluk à laquelle affifterent *M. le
Comte de Falckenftein*, LA REINE, MADAME
& Madame la COMTESSE D'ARTOIS,
renouvella encore ce fentiment d'eftime &
d'admiration ; le plaifir de voir tant
d'Auguftes perfonnes réunies, d'apperce-
voir à leurs côtés & dans la même Salle
ce que la France a de plus grand & de
plus beau, étoit fans doute pour chacun
des fpectateurs en particulier, un fpectacle
délicieux; mais dans le cours de l'action
de ce chef-d'œuvre lyrique, le public
faifit encore la plus jufte & la plus heureufe des applications pour donner à fa
Souveraine des preuves nouvelles de la
joie qu'il reffentoit en la voyant accompagnée de fon Illuftre FRERE.

Quoique ce Prince fe fût mis derrière la
Reine, il fut bientôt apperçu, reconnu
& applaudi; mais le moment où le Public
fit éclater librement tous les tranfports de

C

fa joie, fut lorfqu'Achille chanta, *célébrés votre Reine*, & que le chœur auquel la voix des Spectateurs fe mèla, répondit *célébrons notre Reine*. L'Amphitéâtre & toutes les loges fe levèrent & applaudirent avec tant d'intérêt, que la Reine en témoigna fa fenfibilité en faluant le Public. Cette réciprocité de fentimens de la Reine à fes fujets, & de fes fujets à Sa Majefté, fit l'impreffion la plus attendriffante fur le cœur de l'Augufte Voyageur qui en fut le témoin.

ALLÉGORIE

A M. le Comte de FALCKENSTEIN.

Un jour fous un épais nuage
Cachant l'éclat de fes rayons,
L'Aftre bienfaifant des faifons
Voulut à nos regards dérober fon image.
Jaloux de pénétrer librement jufqu'aux lieux
Où languit en fecret la nature indigente,
De fon front radieux la gloire éblouiffante
Aux timides mortels eût fait baiffer les yeux :
Il crut en fe déguifant mieux,

Se mieux fouftraire à leur hommage.

Il fe trompa : (grand , petit , foible ou fage ,
Sans jouir de leur vue on adore les Dieux.)
Des rayons , malgré lui , s'échappant de la nuë
    Qui le tenoit enveloppé ,
De tout œil attentif , par cet éclat frappé ,
La majefté du Dieu fut bientôt reconnue.

    Aux tréfors éclos fous ces pas
    On le fut diftinguer encore....
    Ainfi , lorfque la jeune Aurore
    S'en vient embellir nos climats,
Elle a beau tempérer l'éclat de fa préfence ,
    Tous les yeux en font enchantés ;
Et les cœurs animés par la reconnoiffance,
La devineroient feuls à la douce influence
    De fes généreufes bontés.

✽

Un de nos Concitoyens , M. *Coffon*,
Profeffeur au Collége de Mazarin , vient
de mettre au jour une Piece de Poëfie Latine
en l'honneur de M. le Comte de *Falckenftein*;
elle eft traduite en vers François par
lui - même , fous ce titre : *Le Voyage
mémorable , Nouvelle hiftorique & poë-*

tique. Voici quelques vers de cette traduction :

Chéri de ses sujets, & modèle des Rois,
Un bon Prince voulut, par d'utiles voyages,
Des peuples différens étudier les Loix ;
  Et comparant les mœurs & les usages,
  Apprendre ainsi le grand art de regner.
Il part, & rejettant ces pompeux équipages
Dont le faste & l'orgueil se font accompagner,
Il écarte Licteurs, faisceaux, sceptre & couronne,
  Ecorce vaine, ornemens superflus ;
Ne se réserve rien de tout l'éclat du Trône,
Et se montre entouré de ses seules vertus.
C'est en vain qu'il prétend cacher un rang illustre ;
  Il ne peut tromper les regards :
On reconnoît bientôt l'héritier des Césars.
Son modeste appareil devient un nouveau lustre.

M. *Cosson* suit la marche du Prince,
sur les pas duquel tout le peuple s'empresse de lui rendre hommage. Il le voit
se dérobant par-tout aux éloges, chercher parmi les monumens publics, ceux
qui peuvent l'instruire davantage, dédai-
gner les Palais fastueux élevés par le
luxe, & visiter en soupirant ces réduits

affreux qu'habitent *la pâle maladie & la
triste vieillesse*. La Piece est terminée par
ces Vers :

 La Renommée applaudit à son cœur,
De ces traits généreux va publier l'histoire,
Découvre à l'Univers l'Auguste Voyageur,
 Et l'investit des rayons de la gloire.

✧

 Non-seulement les Gens de Lettres se
font fait un devoir à l'envi les uns des
autres de célébrer notre Illustre Voyageur ; nos fameux Artistes ont encore
employé leur burin à consacrer ses bienfaits. Lors de son séjour dans notre
Capitale , il parut une Estampe représentant un acte de bienfaisance de l'Empereur envers deux infortunés , qui en
creusant un puits dans un des fauxbourg
de Vienne furent couverts par l'éboul-
lement des terres , à environ sept toises
de profondeur. On lit au bas de cette
Gravure ces quatre vers de M. *Marmontel.*
O qu'un Roi populaire est un mortel auguste !
Vous qui foulez aux pieds vos peuples consternés,
Apprenez d'un Héros plus sensible & plus juste
Quel est le prix des jours des deux infortunés.

     C 3

Cette Eftampe fait le pendant de celle dans le même genre, qui repréfente le trait de fenfibilité de notre Augufte Reine, le 10 Octobre 1773, près Acheres.

❖

VERS A L'EMPEREUR.

Paris s'énorgueillit d'avoir eu pour vainqueur
    Ce Héros (1) qui fubjugua Rome ;
Il s'applaudit auffi d'avoir vû le grand homme (2)
Qui du Nord étonné fut le législateur.
    Mais qu'elle époque dans l'hiftoire !
Affable & bienfaifant, l'héritier des Céfars
Confondu parmi nous, fe dérobe à fa gloire
Et fe cache avec nous pour y chercher les Arts.

❖

Joseph II. garda fcrupuleufement l'*incognito*, pendant fon féjour dans notre Capitale ; il ne fut préfenté à la Cour

---

(1) Céfar.
(2) Le Czar, Pierre le Grand.

qūe fous le nom de Comte de *Falckenſtein*, ainſi que tout le monde ſçait; mais
une anecdote peu connue, eſt celle qui
arriva au jeu de la Reine. Notre illuſtre
Voyageur ſe tenoit debout derriere la
chaiſe de Madame Adélaïde, & il y avoit
ſes mains poſées, lorſque cette Princeſſe
releva & lui dit avec grace: „ *Monſieur le*
„ *Comte, il paroit que vous oubliez furieu-*
„ *ſement votre* incognito; il répartit vivement, „ *c'eſt qu'on l'oubie aiſément au-*
„ *près de vous, Madame.* „

⁂

L'anecdote des trois *Pliants*, n'eſt pas
moins intéreſſante, elle prouvera la vérité du précepte du ſage, qui dit: *quam
bonum eſt & jucundum habitare fratres in
unum.*

Le Comte de *Falchenſtein* étant invité
à dîner avec leurs Majeſtés, on lui préſenta le *Fauteuil:* il n'en voulut point,
„ Sire, dans mes voyages, je ſuis accou-
„ tumé à m'aſſeoir ſur des chaiſes de paille
„ ou de bois, & un *Fauteuil* me déran-

C 4

,, geroit ''.   On affure que le Roi répartit , que l'on me donne auffi un *pliant*,
ces grands Fauteuils gènent, embarraffent,
& je crois qu'un *pliant* me fera plus commode.   La Reine à fon tour , dit à-peu-
près la même chofe , & on contenta S.
M. de forte que les trois Auguftes perfonnes furent affifes fur des *pliants*.
Toute la Cour fut bientôt inftruite de cette
aventure , & on l'appella l'anecdote des
trois *pliants*.

❖

En 1377 , c'eft-à-dire , 400 ans avant
l'arrivée de M. le Comte de *Falckenftein*
à Paris, l'Empereur Charles IV , de l'ancienne Maifon de Luxembourg , fit un
voyage en France , & comme ce Prince
n'avoit que le petit efprit de la repréfentation , il y parut avec ce fafte , cet éclat
que dédaignent les grandes ames. Il ne
demanda à voir ni les cabinets des Savans, ni les atteliers des Artiftes , ni les
afyles ouverts à l'indigence , ni les Tri-
bunaux de la Juftice , ni enfin tout ce
qu'un peuple éclairé & une ville immenfe

peuvent offrir d'intéreffant & d'utile à
un monarque étranger , qui fait mettre
tout à profit pour l'inftruction de fon
peuple , la gloire de fon Empire , & le
bonheur de fes fujets. Uniquement occupé
de la grandeur de fon rang , il en exigea
tous les honneurs. Plus curieux de paroître Empereur, que de mériter de l'ê-
tre , il n'eut ni le noble defir , ni la douce
fatisfaction de fe perdre dans la foule,
pour y trouver des hommes à confulter ,
des malheureux à foulager , des connoiffances à acquérir. Son logement fut le
Palais de nos Rois , le feul qu'il crut
digne de le recevoir ; on lui donna les
fpectacles du tems , où il affecta de fe
montrer avec toute la pompe Impériale.
Nous n'avions alors ni des *Nicomede*, ni
des *Mahomet* , ni aucune de ces Tragé-
dies faites pour parler au cœur des Lé-
gislateurs & des Rois. Dénuées d'appareil, il n'en eut fenti ni les beautés , ni
le prix. Il lui falloit de ces Pieces qui
donnent tout aux yeux & rien à l'ame :
on le fervit fuivant fon goût. On vit
d'abord paroître un vaiffeau avec tous
fes mats , fes voiles & fes cordages. Gode-

froi de Bouillon, entouré de ses Chevaliers, se présentoit sur le tillac. On appercevoit ensuite la ville de Jérusalem avec son Temple & ses tours couvertes de Sarrasins. Le vaisseau s'approchoit de la ville; les Chrétiens mettoient pied à terre, montoient à l'assaut, l'ennemi se défendoit; le combat devenoit furieux; la ville se rendoit, & l'Empereur applaudissoit.

Voici une anecdote bien intéressante pour les ames sensibles, chere & précieuse à l'humanité, peu connue neanmoins, & que nous nous hâtons de publier; nous avons été chez la personne même pour savoir la vérité du fait.

Notre Illustre Voyageur ayant ouï dire des choses merveilleuses du secret admirable de M. l'Abbé l'*Epée*, qui consiste à faire entendre ou plutôt comprendre aux sourds de naissance & autres, par des signes & moyens presque surnaturels; & même à faire parler les muets de naiss-

fance & autres , comme l'ont annoncé tous les Journaux, Papiers publics, Gazettes Françoifes & Etrangeres. Sur cette brillante réputation que l'Abbé l'*Epée* a toujours foutenue , malgré l'envie, notre Illuftre Voyageur, brulant de s'inftruire , fut le trouver dans fa maifon *rue des Moulins* , *butte S. Roch*. Il parla longtems avec lui, l'interrogea même fur plufieurs articles avec connoiffance, & lui demanda s'il n'avoit pas quelqu'un à qui il confieroit fon fecret, fecret fi néceffaire, fi utile pour l'humanité; l'Abbé lui répondit: ,, Monfieur le Comte, j'a-
,, vois demandé au Gouvernement deux
,, hommes capables à qui je pus commu-
,, niquer mes foibles connoiffances fur
,, cet objet : ma demande n'a point encore
,, été accordée. Eh bien ; *repartit notre*
,, *Illuftre Voyageur*, je vais donner des
,, ordres pour faire chercher à Vienne
,, deux hommes intélligens, & je vous
,, les confierai, Monfieur l'Abbé, pour
,, que vous ayez la bonté de les inftruire
,, dans vos fecrets admirables, afin qu'ils
,, puiffent venir au fecours de l'humanité
,, dans mon Royaume. ,,   M. le Comte

de *Falckenſtein*, ſe retira & ne voulut pas même que l'Abbé l'accompagnât , ajoutant ces paroles mémorables : „ Monſieur „ l'Abbé , votre tems eſt trop précieux „ pour le perdre en vaines cérémonies, „ vous en devez compte à Dieu." En ſortant , il laiſſa ſur un coin du bureau de l'Abbé l'*Epée* , deux rouleaux de 25 Louis chaque , pour le ſoulagement des pauvres infirmes ou valétudinaires , que le bon Citoyen , le vrai Patriote fait élever chez lui dans ſa maiſon , & dont une femme a ſoin.

Le lendemain , M. le Comte de *Falcken-ſtein* envoya par ſon Ecuyer, à M. l'Abbé l'*Epée* , une tabatiere d'or , avec ſon portrait en médaillon.

⁂

Nous rapporterons une anecdote peu connue , qui ne ſera point ici déplacée : & nous oſons dire que l'Hiſtoire ancienne & moderne ne conſerve pas dans ſes faſtes un trait plus héroïque ; il s'eſt paſſé ſous Louis XV.

Un Dauphiné, nommé *Dupré*, qui depuis longtems cultivoit la Chymie, inventa un feu ſi rapide & ſi dévorant, qu'on ne pouvoit ni l'éviter, ni l'éteindre : l'eau lui donnoit une nouvelle activité. Sur le Canal de Verſailles, en préſence du Roi, dans les cours de l'Arſenal à Paris, & dans quelques-uns de nos Ports, on en fit des expériences qui firent frémir les Militaires les plus intrépides, comme les effets de la poudre firent trembler les anciens Chevaliers ; *Bayard* lui-même avoit cette invention en horreur.

Quand on fut bien ſûr qu'un ſeul homme, avec un tel art, pouvoit détruire une flotte, ou brûler une ville, ſans qu'aucun pouvoir humain y pût donner le mòindre ſecours ; le Roi défendit à *Dupré* de communiquer ſon ſecret à perſonne. Il le récompenſa pour qu'il ſe tût, & cependant ce Roi étoit alors dans les embarras d'une guerre funeſte : chaque jour il faiſoit des pertes nouvelles, les Anglois le bravoient juſques dans ſes Ports ; il pouvoit les détruire : mais il craignit d'augmenter les maux de l'humanité, il aima mieux fouffrir. On n'a peut-être jamais fait une action plus magnanime : la gloire même n'en pouvoit être la récompenfe ; l'Europe l'ignore, & quand elle en fera inftruite, on doutera d'un fait dont il n'y a plus ni preuves , ni témoins. *Dupré* eft mort, & l'on croit qu'il a emporté avec lui fon funefte fecret.

Nous avons penfé qu'on ne pouvoit trop répandre cette anecdote, & qu'elle ne feroit qu'un titre de plus à la reconnoiffance de l'Europe, & à fon refpect pour la mémoire d'un Prince dont elle annonce le caractere fage & bienfaifant.

Lorfque nous nous difpofions à publier cette feconde Edition, nous avons reçu les Lettres fuivantes à l'occafion de Dupré. *Nous nous faifons un plaifir de les donner au Public.*

LETTRE de M. DESPLACES à l'Auteur de ce Recueil.

Paris ce 15 Juin 1777.

J'apprends dans l'inftant Monfieur, que vous reffemblez tout ce que l'on a fait d'agréable pour M. le Comte de *Fal-ckenftein*, &c. ; ne pourriez-vous pas y joindre huit vers imprimés en 1771, dans les *Opufcules Philofophiques de M. Feutry*, page 139, & dont on peut trouver encore quelques exemplaires chez le *Houcq*; Libraire à Lille en Flandres. Il femble que cet Auteur ait deviné ce que nous venons de voir, & certes il ne s'eft pas trompé. Voici donc ces huit vers qui font deftinés à être mis fous un médaillon d'AUGUSTE, copié d'après l'antique, par feu le célèbre *Gravelot*, & que M. *Feutry* va placer à la tête de fa nouvelle édition des *Mémoirts de la Cour d'Augufte*, (Céfar) en 3 volumes, laquelle devoit paroitre dès 1771, & qui ne fera publiéé qu'à la fin de Novembre prochain, par des raifons particulieres, inutiles à rapporter ici.

De ces Romains fi fiers, voici le premier maître;
L'œil inftruit l'apperçoit fous différens afpects:
L'un préfente un tyran, un fourbe, un lâche,
     un traître,
L'autre, un ami des Loix, des arts & de la Paix;
Octavien Céfar ne devoit jamais naître,
Augufte Octavien devoit vivre à jamais.
Quel fiecle heureux verra ce dernier reparaître !
Que dis-je ! allons à Vienne, & contemplons fes
     traits.

Je me connois peu en Poëfie, mais il
me paroît que ce dernier vers renferme
une louange d'autant plus délicate qu'elle
eft indirecte, & bien méritée.

Je fuis avec ces fentimens refpectueux,
Monfieur, votre très - humble & très-
obéiffant ferviteur,

         DESPLACES.

           AUTRE

AUTRE LETTRE DU MÊME

AU MÊME,

Paris, ce 29 Juin 1777.

JE viens de lire dans le moment, Monfieur, vos *Anecdotes intéreſſantes & hiſtoriques de l'Illuſtre Voyageur*, & je vous remercie très-ſincerement d'avoir bien voulu y inférer la Lettre précédente. Comme on m'aſſure que vous allez en donner tout de ſuite une édition nouvelle, permettez-moi de vous renvoyer cette même Lettre avec quelques légeres corrections. Je vous prie auſſi de publier cette ſeconde lettre qui contient quelques faits relatifs à l'Anecdote que d'après des Mémoires peu éxacts, ſans doute, vous rapportez ſur le ſieur *Dupré*, pag. 37 de votre premiere édition; mon ſentiment étant que l'on ne ſçauroit trop ſe hâter de détruire les erreurs que l'on rencontre dans quelque ouvrage que ce puiſſe être; ſurtout lorſqu'elles ſon de nature à pouvoir ſe perpétuer dans l'hiſtoire des Nations. Je vais tout bonne-

D

ment vous dire comment les chofes fe
font paffées, j'en ai été le témoin ocu-
laire. Feu M. *Dupré* qui avoit quelque
teinture de la chymie, & qui de plus
poffédoit le talent de compofer de fort
beaux brillans factices, de toutes couleurs, eut occafion en 1749, de voir M.
Feutry, connu dans la République des
Lettres & des Arts, & mon compatriote,
& le cultiva même jufques vers le milieu
de 1754. Cet écrivain fatisfait du labo-
ratoire & de l'adroite manipulation de
l'artifte Dauphinois, lui propofa alors de
tenter la recherche du feu de Callinique
(que l'on croyoit perdu) en lui indiquant
telles ou telles matieres que fes lectures
fans doute lui avoient fait connoître ; ils
fe mirent fur le champ tout deux à la be-
fogne ; mais une affaire de famille ayant
appellé M. Feutry, à Lille en Flandres,
fa patrie, où forcé de demeurer plus de
temps qu'il ne croyoit, & ne pouvant
refter dans l'inaction, il fit fondre le modele de fon canon brifé, le même qui eft
à la célèbre école des chevaux Légers à
Verfailles. Dans ces entrefaites M. *Du-*
pré continua feul à Paris, fon opération

dont il fit l'épreuve à la Cour, fans dai-
gner même en prévenir fon collégue. Ce
dernier fe contentant de lui en faire de
très-légers reproches, par lettre, ayant
d'ailleurs tant d'autres projets d'ouvrages
dans la tête, & qu'il a exécutés, en partie avec fuccès, oublia bientôt & le Chi-
mifte & fon feu. Celui-ci quelque temps
après reçut ordre de fe rendre au Havre
pour mettre la chofe en pratique. On
étoit même prêt à lancer ce feu infernal
contre un Navire ennemi, lorfque le ru-
fé Dauphinois, fentant que fi une petite portion de la liqueur enflammée (ce
qui eût pû fort bien fe faire, foit pour
un changement fubit de vent, foit par
maladreffe ou par un défaut de la pompe)
fût tombée fur lui-même, il en eut été
la premiere victime, refufa avec opiniâ-
treté de mettre perfonnellement fon fecret en exécution, quoiqu'un Officier de
mérite & d'une grade fuperieur * lui eût
offert de l'accompagner & de ne pas le

* M. le Marquis de . . . . Lieutenant Général
éxifte, & peut certifier ce fait.

D 2

quitter une feule feconde. Voilà le fait pur & fimple, & dans toute fa vérité; *& voilà comme on écrit l'hiftoire;* faute de bons mémoires donnés par d'honnê- tes gens, & témoins oculaires de la chofe. Il y a plus; cet homme qui avoit aban- donné le courant de fon commerce en pierres fauffes, vécut pendant quelque temps dans une forte de détreffe & mé- prifé même du corps de l'Artillerie, juf- qu'à ce qu'enfin par la protection de plu- fieurs jolies femmes auxquelles il avoit autrefois livré des parures de brillans, & qui alors avoient beaucoup de crédit, il eût obtenu une penfion de 2000 livres, un emploi, & ce que l'on aura peine à croire un jour, le Cordon de Saint-Mi- chel; &c. Mais M. Dupré eft mort, comme vous le dites fort bien; ne trou- blons donc point fes cendres, & certai- nement je n'aurois pas eu l'honneur, Mon- fieur, de vous adreffer cette longue & ennuyeufe miffive, fi votre brochure ne m'eût pas rappellé ce trait; je doute même que M. Feutry, qui vit prefque toujours à la campagne, en fuppofant qu'il eût lu votre œuvre, fe fût rappellé cette aventure; mais moi, fon compatriote, fon ancien condifciple, fon ami, qui n'ai ni foins ni femmes, ni coufins & qui ne fais point de machines, j'ai cru devoir vous adreffer ces remarques en faveur de la vérité. Adieu, Monfieur, je ne peux que vous renouveller les affurances des fentimens refpectueux avec lefquels j'ai l'honneur d'être votre très-humble & très-obéïffant ferviteur.

DESPLACES.

VERS préfentés par un Gafcon.

O Jofeph! quel bonheur! quelle réjouiffance!
Tout fe reffent ici de ta magnificence.

 Les Autrichiens, ainfi que le Français,
Admirent tes vertus, éprouvent tes bienfaits.
O Jofeph! quel bonheur! quelle réjouiffance!
Même l'infortuné fourit à ta préfence.
Ça, mes pays, chantons, témoignons à jamais
Par un refrain nouveau notre reconnoiffance.
Cadedis! célébrons ce Prince en nos forêts;

 Et faifons bien les honneurs de la France,
O Jofeph! quel bonheur! quelle réjouiffance!
Il faut rimer pour lui quelques petits couplets,
 Quelques vers bons ou mauvais.

D 3

N'importe, cadédis! dans cette circonftance
Le zele fuffira, chantons tous en cadence ;
   „ Les Autrichiens, ainfi que les Français
„ Admirent tes vertus, éprouvent tes bienfaits.

❖

Si le Lecteur a lû des aventures fé-
rieufes, on pourroit lui en rapporter plufieurs de plaifantes: mais on fe conten-
tera de celle - ci. Notre Illuftre Voyageur
étoit au Caveau du Palais Royal à prendre des glaces, qui y font rénommées.
Le bruit fe répand que M. le Comte de
Falckenftein eft au Caveau; un cocher de
place, un Fiacre, apprend que ce Prince
prend des glaces au Caveau, il quitte fa
voiture, fe met au paffage & l'attend.

Un particulier fort à l'inftant, & dit
au cocher de le mener. Non Monfieur,
je ne le puis ── Pourquoi? ── „ Je veux
„ voir l'*Empereur*, & quand vous me don-
„ neriez un écu, je ne marcherois pas,
„ je veux voir l'*Empereur*. ── Eh bien
„ marche, je te donnerai fix francs ; ──
„ Non, Monfieur, je veux voir l'*Empe-*

„ reur , —— D'accord , *repart celui-ci* , mais
„ l'*Empereur* n'eſt plus au Caveau, il vient
„ d'en ſortir. —— Eſt-ce bien vrai, Mon-
„ ſieur ?—— Oui, marche toujour à l'Hô-
„ tel de *Treville*, ruë de Tournon. „ Le
carroſſe roule, & arrive: M. le Comte
de *Falckenſtein* deſcend , & donne à ce
cocher le prix de ſa courſe dans un morceau de papier ; le Phaéton de place le dé-
roule promptement, crainte d'être attra-
pé ; qu'elle fut ſa ſurpriſe d'y trouver un
double louis! tout ébahi, il dit au Por-
tier , ce Monſieur ſe trompe , il me donne
deux Louis, & il ne m'a promis que ſix
francs, quel eſt donc ce Bourgeois-là?
C'eſt l'EMPEREUR. Ah.... *ripoſte éner-
giquement le fiacre*, que je ſuis malheureux, ſi j'avois ſçu cela, je me ſerois re-
touré pluſieurs fois deſſus mon ſiége pour
le regarder. Auſſitôt il chante, il danſe
& va au cabaret boire à la ſanté de l'*Empereur*.

Quelques Nouvelliſtes ajoutent que ce
cocher acheta des cocardes ; qu'il en mit
à ſon chapeau & aux oreilles de ſes chevaux publiant par-tout: j'ai mené l'EM-
PEREUR: j'ai mené l'EMPEREUR.

COUPLETS.

Air : *Nous sommes Précepteurs d'Amour.*

OVIDE dit qu'en tapinois
Jupin deposoit son tonnerre ;
Voyot-il un joli minois,
Preste, il venoit nous en défaire.

✳

Mais aujourd'hui c'est autrement,
S'il garde encore l'anonyme,
C'est pour prouver plus aisément
Qu'il est un Dieu plus magnanime.

✳

Aussi chacun de toute part
Veut-il le voir & le connoître,
Moi-même, ai couru pour ma part
Cent fois, & ne l'ai vû paroître.

✳

AH! que n'étoit-je, malheureux,
Ou bien Buffon, ou grand Artiste ;
Son cœur sensible & généreux,
M'auroit aussi aussi mis sur sa liste.

✳

Je l'aurois vu me prévenir,
De même qu'un Dieu tutélaire,
Pour sçavamment s'entretenir
Ou m'arracher de la misere.

❋

Mais feindre encor, c'est une erreur :
Tant de grandeur, tant de sagesse,
N'appartiennent qu'à l'EMPEREUR !
Voilà le nom qui m'intéresse.

❋

Laissons Jupin & tous les Dieux ;
Parlons avec plus de franchise,
Ton nom, JOSEPH, plus glorieux,
Mérite qu'on l'immortalise.

❋

Tu veux en vain cacher ton rang,
Ton front d'avance te décele ;
Et tes Vertus, plus que le Sang,
Rendront ta mémoire éternelle.

❋

Les Nouvellistes rapportent l'aventure
suivante.

M. le Comte de *Falckenstein* entra dans un

brillant Café, de bon matin, & vêtu simplement à son ordinaire : il y demande une tasse de chocolat. Les Garçons ne s'empressant pas de le servir parce qu'il étoit trop matin, il sortit sans mot dire, & alla dans un petit Café ; le Voyageur y demande une tasse de chocolat, le Maître lui répond poliment qu'il va le faire chauffer, s'il veut attendre. Seul dans le Café, il se promene, interroge le Maître du logis, &c. Sur ces entre-faites descend la fille de la maison (assez jolie, dit-on). M. le Comte de *Falckenstein* la salue, & dit au pere qu'elle est bonne à marier. „ Hélas oui, *répartit le Bon-*
„ *Homme*, mais je ne suis pas riche :
„ si j'avois mille écus à lui donner en
„ dot, je la marierois à un joli garçon,
„ mais . . . . .

Le Chocolat est chaud, on l'apporte, le Voyageur le prend, paye le prix de sa tasse, & demande une plume, du papier & de l'encre. La future épouse, *sans le savoir*, obéit ; & à l'honneur de servir M. le Comte de *Falckenstein*, sans le savoir encore. Ce Prince écrit une ordonnance de six mille francs, à prendre

fur fon Banquier à Paris, pour être em-
ployés à marier la fille du Limonadier.

Nous ne garantiffons point l'exactitude
de cette anecdote, mais elle a beaucoup
de rapport au trait de bienfaifance que
nous allons rapporter.

Un enfant d'environ neuf ans, s'arrêta, il y a quelque tems, à Vienne,
devant le caroffe de l'Empereur, & lui
dit : „ Sire, je n'ai jamais mendié, mais
„ ma mere fe meurt ; pour avoir un
„ Médecin, il faut un florin : nous
„ n'avons point de florin.... Ah ! fi
„ Votre Majefté me donnoit un florin,
„ que nous ferions heureux! " L'Empereur s'étant informé du nom & de la
demeure de la malade, l'enfant fatisfait à
fes queftions, & fe jettant à fes genoux,
ajouta que c'étoit la premiere & la derniere
fois qu'on le voyoit mendier. Le Monarque lui ayant donné un florin, l'enfant
difparut auffitôt. Cependant l'Empereur
s'enveloppe du manteau d'un de fes
gens, & fe rend chez la malade, qui
le prenant pour un Médecin, lui fait le
détail de fa maladie ; & lui indiquant le
mémoire & le papier de fon fils, le prie

de lui faire la recette convenable à sa guérison; l'Empereur écrit l'ordonnance, la console & se retire. L'enfant étant rentré un instant après avec son florin & un Médecin, la mere étonnée, dit qu'elle avoit déja eu la visite d'un Docteur, qui lui avoit fait une recette. Le médecin ayant jetté les yeux sur la prétendue recette, reconnoît la signature de Sa Majesté Impériale, & expliqua l'énigme; c'étoit une assignation de cinquante ducats sur les épargnes du généreux Souverain.

❊

Les peuples font heureux d'être gouvernés par un tel Monarque; & si je n'avois le bonheur d'avoir LOUIS XVI. pour Maître, j'irois vivre fous la domination de JOSEPH II. On peut lui adopter ces vers:

Au milieu des sujets soumis à sa puissance,
Comme il marche sans crainte, il est sans défiance,
D'aucuns gardes jamais on le voit entouré,
Un homme lui suffit; de son peuple adoré, &c.

❊

* Depuis le voyage de CHARLES-QUINT

en 1540, *dit l'Auteur des Affiches de Province*, on n'avoit point vu d'Empereur en France. Ce Prince allant châtier les Gantois qui s'étoient révoltés, paſſa par le Royaume, & fut reçu à Paris, avec tous les honneurs qu'on peut imaginer *. Jamais Madrid ni Bruxelles, ne virent tant de pompe environner CHARLES-QUINT. La confiance qu'il eut dans une occaſion ſi critique, à la franchiſe, à la loyauté de FRANÇOIS I, eſt peut-être le plus grand éloge qu'on puiſſe faire du Monarque François. Le contraſte de l'éclat dont *Charles-Quint* fut accompagné dans ſon paſſage & dans ſon ſéjour, avec la noble ſimplicité qui pare la perſonne & toutes les actions de M. le Comte de

---

* On lit dans l'hiſtoire de Paris par *Sauval* qn'on avoit dreſſé pluſieurs arcs de triomphe. *Charles-Quint* entra dans notre capitale le premier Janvier 1540. Le Parlement alla en Corps le complimenter. Les Echevins lui portèrent le poële, les deux Fils de France étant à ſes côtés, & le Connétable marchant devant lui l'épée nue à la main. Il délivra tous les priſonniers ; & la Ville lui fit préſent d'un Hercule d'argent de grandeur naturelle.

Falckenſtein , nous paroît un ſujet bien
capable d'échauffer la verve de nos Poëtes.
Nous les invitons à le traiter.

�

 Les ſouhaits de cet eſtimable Journaliſte
ont été accomplis ; Madame la Marquiſe
d'*Eſparbès* a compoſé ces vers qui valent
un long Poëme.

De vos propres ſujets n'avez-vous pas aſſez ?
Voulez-vous donc regner ſur tout ce qui reſpire ?
Gagner ainſi les cœurs par-tout où vous paſſez ;
Des Princes vos voiſins, c'eſt uſurper l'empire.
Les bienfaits ſont des loix que votre cœur s'impoſe;
  Mille vertus vous font chérir ,
  Et voyager ou conquérir
  Sont pour vous une même choſe.

horrible faute

VERS

*A l'occaſion de ce que JOSEPH II. a bien
voulu honorer de ſa préſence, les Exercices des Sourds & Muets ; chez M. l'Abbé
l'Epée, & des bienfaits dont ce Prince
a comblé ces jeunes Elèves.*

  Nouveau Pigmalion,
  Ton auguſte préſence

Sur nos sens, tout-à-coup fit tant d'impreſſion
Que nous allions jouir d'une entiere exiſtence ;
    Oui, Prince, encore un ſeul inſtant,
Nous entendions les ſons de ta voix énergique,
Et la nôtre, ſans doute, auroit dans le moment
    De tes vertus fait le panégyrique.
       Par un concert mélodieux,
Nous aurions célébré la ſageſſe profonde
D'un Roi qui, non content de rendre un peuple
       heureux,
    Va faire encor le tour du monde,
Pour répandre en ſecret des ſecours généreux.
Mais l'heure s'avançoit, ta noble modeſtie
Te déroboit l'effet que tu faiſois ſur nous ;
Tu ſortis au moment où ton divin génie,
Sur nos ſens agités, portoit les derniers coups.
    Quels regrets en effet de reſter ſans organe,
De ne pouvoir chanter un Prince vertueux,
Lorſque de vils flatteurs, d'une bouche profane,
Cent fois ont célébré des Tyrans odieux !
      Qu'il ſeroit doux de nous entendre,
Si pour répondre aux ſoins de notre Inſtituteur,
Nous pouvions exprimer ce qu'il nous fait com-
       prendre,
Avec tant de plaiſirs ſur notre Bienfaiteur ;
Si, pour récompenſer cet aimable Interprete,
Nous pouvions en ce jour d'une unanime voix,
Offrir auſſi nos vœux à l'illuſtre ANTOINETTE,
A ſon auguſte Epoux, le meilleur de nos Rois.

C'eſt alors qu'inſpirés par la reconnoiſſance,
Nous ferions retentir de ſublimes accens.
Mais hélas ! puiſqu'il faut te bénir en ſilence,
GrandPrince, daigne au moins agréer notre encens :
Daigne te ſouvenir qu'ami du vrai mérite,
Le François t'a prouvé qu'il admire & chérit
Un Roi qui par grandeur ne fait voir à ſa ſuite,
Que l'amour de ſon peuple, & le goût & l'eſprit.

✵

Pluſieurs de nos jeunes Poëtes, ont
célébré l'arrivée de M. le Comte de
Falckenſtein, & chanté le bonheur que la
France avoit de poſſéder ce Prince magnanime & bienfaiſant. Nous liſons dans le
Mercure de France du mois de mai, la
piece ſuivante :

VERS

Sur l'arrivée de l'EMPEREUR en France.

Quel beau jour éclaire la France !
JOSEPH, dont l'auguſte alliance
A mis le comble à nos deſirs,
Vient encor parmi nous enchaîner les plaiſirs ;
Nous les devons à ſa préſence.

En

En vain pour tempérer l'éclat de sa naissance ;
Paroît-il à nos yeux sans faste, sans grandeur,
Mille rares vertus nous devoilent son cœur,
    Il nous est doux de reconnaître
Grande Reine, à ces traits, un Frere tel que vous;
Digne du sang des Dieux dont le ciel vous fit naître,
Du sort de ses sujets on nous verroit jaloux
    Si nous n'avions LOUIS pour Maître.

⁂

    Nous croyons que pour bien entendre
cette derniere pensée exprimée en ce vers :
Si nous n'avions LOUIS pour Maître, il
faut mettre sous les yeux du Lecteur les
vers suivans, faits pour être placés au bas
d'un Buste de Louis XVI, & insérés dans
le même Journal.

Cesse de nous vanter ces Héros sanguinaires
Dont le bras meurtrier recula tes frontieres :
Ô Rome ! que leur gloire a fait de malheureux !
Que leurs tristes exploits ont fatigué la terre !
LOUIS est bien plus grand & bien plus glorieux,
LOUIS, de ses sujets est moins *Maître* que *Pere.*

⁂

    A cette occasion je citerai ici un qua-
                 E

trait, que j'ai compofé, & que j'ai eu le plaifir d'infcrire moi-même au bas d'un Bufte de notre Augufte Monarque, qui montre dès fa jeuneffe toute la prudence de *Neftor*.

Alexandre le Grand que le monde révére
Par d'injuftes moyens foumit toute la térre :
LOUIS, non moins guerrier, préférant les douceurs,
Les charmes de la paix ... ne foumet que les cœurs.

✻

Pour appuyer la vérité de mon qua-train, je rapporterai le trait de bonté de notre jeune Monarque envers *M. Dubelloi*, de l'Académie Françoife. S. M. lui fit donner, lors de fa maladie en 1775, par M. le Maréchal Duc de *Duras*, pre-mier Gentilhomme de fa Chambre, une bourfe de cinquante louis, en difant ces paroles mémorables : „ Comme je veux „ faire du bien à tous mes fujets, les „ parts ne peuvent être que petites".

O moderne Titus ! tes fujets trop heureux
Ne vivent que pour toi : ne regne que pour eux !
Poëme du Luxe.

✳

M. le Comté de *Falckenftein* vifita tous les Atteliers des Peintres & des Sculpteurs logés au Louvre ; il leur parla de leur art, non-feulement en Amateur , mais en homme de l'état même , fe fervant des mots thecniques ; employant les termes de l'art , auffi-bien que les maîtres.

✳

Dans ce même jour , au Jardin de l'Infante M. *de Bernieres* fit fondre en préfence de Sa Majefté Impériale un écu de trois livres , en moins d'une minute au foyer de la loupe dont il eft l'auteur , quoique le foleil fût très-pâle & qu'il y eût des nuages.

✳

Sa Majefté Impériale fut auffi voir les manufactures Royales des Tapifferies des Gobelins , & de la Savonnerie : il parla à tous les Ouvriers comme auroit pu faire une perfonne du métier : il entra dans les plus petits détails , fur-tout à la

E 2

teinturerie qu'il examina fcrupuleufement.

Les Officiers fupérieurs , ainfi que tous les Ouvriers fe reffentirent des bienfaits & de la générofité de M. le Comte de *Falckenftein*.

Ce Prince dont on voudroit pouvoir fuivre toutes les traces , examine en connoiffeur tout ce qui eft digne d'intéreffer fa curiofité. Ses manieres nobles & généreufes annoncent fa haute naiffance , en le voyant :

> Chacun peut dire *ab abrupto* :
> C'eft JOSEPH , c'eft JOSEPH lui-même
> Sous le plus grand *incognito* ,
> On voit briller le diadême.

❉

Il fe tranfporta un jour à la manufacture Royale de Porcelaine à Séve , il étonna tout le monde par fes connoiffances étendues en cette partie ; il entra jufques dans les plus petits détails avec les ouvriers. On lui en préfenta un qui étoit de Mons, notre Illuftre Voyageur parla pendant longtems avec lui, tantôt en Allemand &

tantôt en François ; puis se retournant vers les personnes qui l'accompagnoient, il convint qu'en Allemagne on ne faisoit point de si belle Porcelaine , que la pâte n'en étoit point si fine , ni les couleurs si éclatantes.

Tous les ouvriers se ressentirent de la générosité de M. le Comte de *Falckenstein ;* l'Intendant de cette manufacture reçut de ce Prince un très-beau diamant.

✻

Le Phidias de notre âge, *M. le Moine* , fut honoré de la visite de ce Monarque ; ce Prince lui fit beaucoup de complimens sur ses Ouvrages regardés comme autant de chefs- d'œuvre par les gens de l'art même ; en voyant le buste de Mme. la Comtesse *du Barry* , il demanda s'il étoit bien ressemblant & point flatté. - Il en apperçut un autre ; il s'informa de qui c'étoit le portrait ; *M. le Moine* répondit que c'étoit celui de *M. Helvétius.* Ce Prince repartit sur le champ : ,, Je suis ,, fâché qu'il soit mort , j'aurois été

E 3

,, charmé de le voir & de caufer avec lui.''
Ce trait nous a été r porté par une per-
fonne qui accompagi it M. le Comte de
Falckenſtein.

☆

M. le Comte de *Falckenſtein* fut admis au
diner de Leurs Majeſtés , le Jeudi 29 mai,
jour de la grande Fête-Dieu; le Roi étant
à table, fit dire à ſon Capitaine des Gardes,
qu'il iroit ſe promener le ſoir à pied.

Il eſt d'uſage à la Cour, lorſque le Roi ſe
promène , que Sa Majeſté ſoit accompagnée
de douze de ſes Gardes du Corps & Cent-
Suiſſes , commandés par leurs Officiers,
avec le Capitaine des Gardes de quartier
derriere la perſonne de S. M.

,, MON FRERE , *dit l'Illuſtre Voyageur,*
,, ne pouvez-vous pas vous promener ſans
,, tout cet appareil : permettez que je
,, vous ſerve de Capitaine des Gardes
,, ſeulement ; & ne commandez point
,, cette troupe nombreuſe & brillante.''

En effet, le ſoir, Sa Majeſté alla ſe pro-

mener à Trianon, traversa le Parc de Ver-
faillles, & revint par la Ménagerie, *plufieurs fois cette promenade a été répétée,
la Reine y étant.*

ODE ^A L'EMPEREUR

Qui voyage incognito.

Ce n'eſt pas l'appareil du trône
Qui des Rois fait la majeſté :
Le mérite, & non la couronne,
Donne à leur auguſte perſonne
L'empreinte de la royauté.

Un Monarque, grand par lui-même,
Et de ſes vertus couronné,
Paroît digne du rang ſuprême,
Lors même que du diadême
Son front royal n'eſt pas orné.

Tel le TITUS de l'Allemagne,
A l'héroïſme de ſon cœur,
Plus qu'au ſceptre de Charlemagne
Doit ſa véritable grandeur,
Et la gloire qui l'accompagne.

Il cache ſon rang: mais en vain
Lui-même il trahit le myſtere,
Et le Comte de Falckenſtein
Laiſſe éclater le caractere
Et les vertus d'un Souverain.

Ainſi, n'importe qu'il ſe nomme
Comte, Baron, Duc : quel qu'il ſoit ;
Toujours on trouve le grand homme
Sous l'inçognito d'un grand Roi.

❧

EPITRE.

D'une Reine adoré, heureux imitateur,
   Grand par ton trône, & plus grand par ton cœur,
O toi, dont les vertus du ſang qui t'a fait naître
   Rehauſſent l'antique ſplendeur,
Tu viens donc aux François, orgueilleux de leur
      Maître,
Montrer encor un Sage couronné !
Vers ton auguſte Sœur par l'amour entraîné,
   Tu cedes, Frere tendre, au charme qui t'attire ;
   Tu viens jouir des tranſports qu'elle inſpire
Au peuple qui bénit ſon regne fortuné,
Et, toujours occupé du ſoin de ton Empire,
   Dans tes voyages généreux,
D'un œil obſervateur, des arts & des uſages
Tu cherches à ſaiſir les moindres avantages,
Pour rendre tes ſujets encore plus heureux.
Tu connois leur valeur, leur zele, leur franchiſe,
   Ta gloire les immortaliſe,
Et tes nouveaux bienfaits vont rejaillir ſur eux.

Tel le foleil, de l'éclat de fes feux,
　　Pare les champs qu'il fertilife ;
Tel des peuples du Nord le Héros créateur
　　Rapportoit au fein de fes Villes
Les fciences, les arts, ces germes du bonheur,
Qu'il avoit recueillis dans fes courfes utiles.
Qu'étoient auprès de toi ces fougueux Conquérans,
Ces fiers dévafteurs plus célèbres que grands ?
Leur aigle impérieux, préfage du tonnerre,
Sur les pâles humains voloit avec l'effroi :
Mais tu fais contenir ton ardeur pour la guerre.
Triompher de foi-même eft le devoir d'un Roi,
Et ton humanité, ta juftice, ta foi,
T'ont confacré l'amour & l'encens de la terre.
D'un prix fi glorieux, quand il eft mérité,
　　Goûte la pure volupté ;
Dans le cœur des François vois quelle douce ivreffe,
　　Ta préfence vient d'exciter !
Au-devant de tes pas il accourt, il s'empreffe,
Et comptant tes bienfaits, fi l'on peut les compter,
Il verfe, en t'admirant, des larmes de t'endreffe.
Ce n'eft point l'appareil du fuprême pouvoir,
Vain fafte que tu fuis & qui t'eft inutile,
　　Ce n'eft que toi feul qu'il veut voir,
Tu parois, de refpect il demeure immobile ;
Ton air majeftueux, cet accès fi facile,

Cette fimplicité qui t'aggrandit encor,
Préfentent à fes yeux les mœurs de l'âge d'or,
  Et, fous les traits du jeune Achille,
  La fageffe du vieux Neftor.

     Par M. le Chev. DE LAURES.

❧

LES VOYAGES DE JUPITER,

*Imités d'*OVIDE.

Autrefois le Maître des Dieux,
  Quittant fon aigle & fon tonnerre ;
 Et l'appareil brillant des Cieux,
Sous de fimples dehors defcendit fur la terre.
 Il étoit las des fuprêmes honneurs,
Des rayons importuns dont fon olympe éclate,
  Et, dépouillant les titres que l'on flate,
Il vouloit refpirer le pur encens des cœurs.
Projet digne d'un Dieu ! celui-ci, pour exemple,
  Se propofoit aux autres immortels ;
Il vient, par des bienfaits, conquérir des autels ;
Le ciel fut fa prifon & la terre eft fon temple.
Sous de ruftiques toits entrant avec bonté,
S il y furprend la timide indigence,
  Il appelle l'humanité,
Pour que fa main prodigue y verfe l'abondance ;

Et chaque fois que le pauvre enchanté
   Pleure de joie en fa préfence,
C'eft alors qu'en fecret il bénit fa puiffance,
C'eft alors qu'il jouit de fa divinité,
   Dans fes courfes trop paffageres,
Il s'agrandit encor par l'oubli de fes droits,
Aimant, faifant le bien, l'infpirant à la fois,
Protégeant les Pafteurs, & dotant les Bergeres.

J'entends quelques cenfeurs & des Rois & des
      Dieux
   Se récrier : ,, Ce n'eft que dans les fables
,, Que les triftes mortels font fortunés par eux ;
,, Plus les rêves font beaux, & moins ils font
      croyables. ''
Le cœur me dit pourtant, que cet emblême
      heureux
Doit nous charmer un jour fous des traits véritables,
Et je compte, (en dépit de ces cenfeurs fâcheux),
Sur des Dieux très-humains & des Rois très-
      aimables.
                              Par M. Dorat.

TRADUCTION FRANÇOISE *
D'UNE
IDYLLE GRECQUE,
ADRESSÉE
A L'EMPEREUR,
Au nom de l'Université de Paris.

A JOSEPH II,
EMPEREUR D'ALLEMAGNE,
Qui voyage en France, sous un nom emprunté.

L'AIGLE CHERCHANT JUPITER.

Roi des Oiseaux, que cherches-tu ? Roi des Oiseaux, quel sujet t'inquiète & t'afflige ? Où vas-tu, fidele Ministre de Jupiter ? Où vas-tu donc ? Pourquoi, d'un vol incertain, erres-tu dans ces climats ? Jamais tu n'étois venu t'arrêter au milieu de nos Lys. Serois-tu banni de l'Olympe, ton séjour ordinaire ? Je ne vois plus dans ta serre la foudre étincellante. Ces ailes qui jadis fendoient les nues, aujourd'hui rasent humblement la terre. Ton œil qui fixoit le disque éblouissant du Soleil, est main-

---

* Nous donnons ici la traduction de cette Piece Grecque en Langues Françoise, Italienne & Latine.

tenant morne & fombre. Roi des Oifeaux , que
cherches-tu ? Roi des Oifeaux, quel fujet t'inquiete
& t'afflige ?

Je cherche Jupiter , & Jupiter échappe à mes
regards. C'eft vers ces lieux, dit-on, que, voilant
fa Divinité , il a dirigé fes pas. Sous la figure d'un
Mortel, il vient vifiter l'heureux Empire, où fleu-
riffent les Lys, les Lys que , femblable à la Rofe ,
une jeune Reine embellit de fes charmes. J'y
cherche Jupiter , & Jupiter échappe à mes regards.

Roi des Oifeaux , confole-toi ; malgré le voile
qui le couvre , j'ai reconnu ton Maître. Un Etranger a paru au milieu de nous. Sans fafte, fans
cortège , il n'annonce qu'un Mortel. Son Habit
eft fimple , fon Char eft modefte , fa Table eft frugale ; il fe dérobe à l'admiration , aux applaudiffemens des Peuples. Mais il a la bienféance & la
majefté d'un Dieu ; oui , c'eft un Dieu. Roi des
Oifeaux , confole-toi ; malgré le voile qui le couvre, j'ai reconnu ton Maître.

Je l'ai vu porter fur nos Bataillons des yeux atten-
tifs, obferver avec plaifir leurs guerres innocentes ;
& j'ai cru que c'étoit Mars. Je l'ai vu affis au
milieu des Mufes, écouter leurs concerts ; & je
difois : c'eft Apollon. Je me trompois : c'eft Jupiter
lui-même. Mars n'aime point les Mufes, Apollon
n'aime point les Combats. Roi des Oifeaux , confole-toi ; malgré le voile qui le couvre , j'ai reconnu
ton Maître.

Par *l'Auteur de la Piece Grecque.*

A GIUSEPHE II.

IMPERATORE DI GERMANIA.

Che viaggia in Francia fotto altro nome.

L'Aquila cercando Giove.

CHE cofa cercando ô Rè degli uccelli? Qual' è il fogetto che t'afflige e t'inquieta? Ove vai fedel feguace di Giove? Dimmi ove vai Perche d'un volo incerto errando vai per quefto clima? Giammai venifti ad arreftare il tuo volo in mezzo à noftri gigli. Forfe sbandito fei dall'Olimpo folito tuo foggiorno? Trà le tue tenaci griffe il fulmine non vedo a fintillar. Quell' ali tue maeftofe che prià sfendean le nubbi, perche umili fon baffate al fuolo? Solito fei fiffar tuoi occhi allo fplendor del fole, ora mefti qui in terra fembran che cerchin ciò che t'in-

quieta e t'afflige. * Tu fervifti in un tem-
„ po all' antico Romano Impero di ter-
„ ribile infegna per tutto dove l'Ali tue
„ fpiegavano il volo portafti orrore all'
„ univerfo intero. Ora ch' all' Auftria-
„ ca Maeftà Imperial li fei di fcudo, la
„ delizia tu fai di noftra Europa „. Perche dunque fi mefto, dimmi chi t'inquieta, e t'afflige?

In vano Giove io cerco che fugito fi
è dal fguardo mio. Sparfa è la voce,
che celando la fua Maeftà Divina fotto
fpoglie mentite d'un mortale va folcando
la terra, vifita ed ammira il fortunato,
e deliziofo Impero dove fiorifcono i più
fuperbi Gigli, li quali uniti alla più bel-
la e colorita Rofa di giovane Regina ren-
de ad effi un rifalto maggior co vezzi fuoi.
Giove io cerco, &c.

CALMA la tua triftezza, ò fortunato
Augello, malgrado l'umile manto con

---

* Hæc additit autor COLLALTO.

cui egli ſi cuopre ben riconòbbi io il tuo ſignore. L'aria Divina che ſu la fronte ha impreſſa naſconderla non puo. Fra noi comprave un Poraſtiere ſenza faſto, ſenza corteggio d'umana forma mortal, ſimplice avea il ſuo veſtito, modeſto d'equipaggio, la ſua menſa moderata, e frugale, fugge li applauſi popolari, ſparge benefici per ogni latto egli è celeſte, è Divino, sì e un Dio sù la terra che viene a carezzare i gigli, è il tuo Padrone. Dunque conſolati che malgrado, &c.

Lo viddi io ſteſſo là ſul Campo di Marte a rimirar con occhio di piacer li ſchierati battaglioni, che s'eſercitavano nel maneggio dell' Armi a guiſa di battaglia formata, ed egli in mezzo al fuoco dell' Armi lo preſi per il Dio della Guerra. Lo viddi poi fra le Muſe ſudeto aſcoltando i loro concerti. Allora io diſſi queſti è Apollo. Ma no … mi sbaglio, è Giove iſteſſo. Marte non ama le Muſe, e Apollo odia la guerra. Dunque conſolati che, &c.

JOSEPH

JOSEPHO II,

GERMANORUM IMPERATORI,

Galliam peragranti, nomine alieno.

AQUILA JOVEM QUÆRITANS.

QUIDNAM, AQUILA, quidnam, ita *sedulo indagas? Quare tàm irrequieta doles? Ministra Jovis integerrima, quó tendis? Quò tandem, quæso? Cur in istam Nationem anceps & volitans peregrinaris? Lilia inter hæc nostra moratum nunquàm processeras. Num Olympo, tuâ nativâ sede, quodam exulas casu? Jam non, tuis in unguibus, fulmen emicans cerno mirabundus. Nunc humiles stringunt humum, quæ olim sublimes alæ nubes sciderant. Nuper solis radios urentes acriter intuebaris, hodie non nisi tabente oculo cuncta circumspicis. Quidnam, Aquila, &c.*

F

Jovem quæro, heu meos Jovem appeten-tes oculos Jupiter fallit! Regionem hanc, suo velato numine, iniiffe fertur. Speciem mentitus humanam eft, invifurus fanè Imperium hoc & felicitate & egregiè floren-tibus inclytum Liliis, quæ omnimodæ vir-tutes, omnimodi lepores adolefcentis Regi-næ, florum Reginæ fimilis, exornant appri-me. Hîc ego, hîc Jovem repertum volo, ac nondum repertum doleo.

Dolere definas. Id tibi folaminis, quip-pe qui Dominum deprehendi tuum, tametfi velatum equidem agnovi. Invifit nos Pe-regrinus; quamlibet pompam defpuens incedit; ipfum hunc mortalem, vel privatum, dicas. Veftitu, curru, fobriâ menfâ, uf-que modeftus apparet. Plebis avidè perquirentis decipiens oculos, folertiùs mira-tionem declinat & plaufus. At, munificâ bonitate præditus, Dei majeftate duntaxat eminet. Quid? nonne ipfe Deus? Dolore definas, Aquila, &c.

Agmina noftra, attentis oculis, contem-plantem hunc vidi, vidi hunc innocuè bel-ligerantibus innuentem lubenter, & mihi

Mars erat. Muſas inter aſſidentem eaſque concinentes auſcultantem conſpexi, & mihi tunc Apollo. At errabam: Ipſe Jupiter. Martem enim non Muſæ, nec Apollinem prælia juvant. Dolere deſinas, &c. Dilectiſſimum agnovi Dominum.

Par un jeune homme de la Penſion
de l'Auteur.

Hæc omnia & convertenda & typis mandanda curavit C. Joſephus LE ROUX, *SUMMI JOSEPHI mirator, in præclarâ artium facultate Magiſter, nec non Juventutis inſtitutor, Pariſiis, in ædibus Regiis Doctorum Navarræ, que Collegium vulgò* de Boncourt *nuncupantur.*

De ce Prince, il eſt vrai, la peinture fidelle
Eſt le juſte tribut que lui doit notre zele;
Mais faut-il employer tant de pinceaux divers
Pour tracer un tableau qu'a déja l'Univers?

F 2

REGRET de l'Auteur.

Je portois mon encens au Modele des Princes.
Regretté de la Cour, défiré des Provinces ;
Il eft parti, dit-on, en ces lieux il n'eft plus :
Je n'ai pu rendre, hélas ! mon hommage à Titus.

Par M. Le Roux, Maître ès-Arts.

LE même Auteur nous a communiqué l'Entretien fuivant, extrait de fon Jour-nal d'Education, vol. de Juin.

(85)

ENTRETIEN

ENTRE

UN CURÉ DE VILLAGE

ET SON MAÎTRE D'ÉCOLE,

Venus à Paris pour un procès concernant les interèts de leur Paroiſſe.

LE MAÎTRE D'ÉCOLE.

Monsieur le Curé, notre Auber-
giſte vient de dire à des Meſſieurs qui
étoient là, que l'Empereur venoit demain
à la Comédie Françoiſe.

LE CURÉ.

Tu te trompes, mon ami, tu entends
toujours de travers; il n'y a point demain

F 3

de Comédie Françoise; c'eſt à l'Académie Françoiſe qu'on a dit.

LE MAÎTRE D'ÉCOLE.

Qu'eſt-ce que c'eſt que l'Académie Françoiſe?

LE CURÉ.

C'eſt un endroit où s'aſſemblent des Savans.....

LE MAÎTRE D'ÉCOLE.

Je voudrois bien voir l'Empereur, on le dit ſi populaire, ſi ſans façon. Tenez, Monſieur le Curé, j'ai entendu dire hier dans pluſieurs maiſons, qu'il n'étoit pas plus fier qu'un bon Bourgeois, qu'il étoit.....

LE CURÉ.

En voilà aſſez. Je ſais tout ce qu'on dit de lui. Eh bien, je te menerai demain dans un endroit où tu le verras à ton aiſe.

LE MAÎTRE D'ÉCOLE.

Grand-merci, Monsieur le Curé. Vous me ferez bien plaisir ; car, tout Paysan que je suis, vous me connoissez, vous savez que j'ai toujours aimé les bons livres & à entendre parler des Grands Hommes. Jugez comme je serai content quand j'en verrai un comme l'Empereur. Dame, si je vous dis ça, c'est que je l'ai entendu dire par-tout.

LE CURÉ.

Tu ne te trompes pas, ni ceux qui t'ont parlé ainsi. Il est aussi grand qu'il est simple, aussi généreux & bienfaisant qu'il est noble, & aussi bon Prince que notre Princesse est bonne Reine.

(Le Curé & le Maître d'École arrivés à un endroit par où passe l'Empereur.)

LE CURÉ.

Tiens, regardes bien, voilà l'Empereur.

F 4

LE MAÎTRE D'ÉCOLE.

Je regarde de tous mes yeux & je ne le vois pas. Où eft-il donc? Eft-ce celui-ci, celui-là. Vite, vite, montrez-le moi?

LE CURÉ.

Suis mon doigt. Tiens, le voilà qui fe retourne par ici.

LE MAÎTRE D'ÉCOLE.

Ah! mon Dieu, je ne l'aurois jamais pris pour l'Empereur. De la façon dont il eft habillé & voituré, on diroit que c'eft un homme ordinaire. Cependant j'ai vu dans fon maintien & dans fon regard un quelque chofe qui fent le grand Seigneur. M. le Curé, je l'aime de tout mon cœur, car il m'a l'air d'aimer le Peuple. Voila ce qui s'appelle un Homme.

LE CURÉ.

Dis donc voilà auffi ce qui s'appelle un grand Prince.

LE MAÎTRE D'ÉCOLE.

J'ai autant d'envie de voir notre bon Roi. On dit que c'eſt tout de même.

LE CURÉ.

Si nous gagnons notre procès, je te menerai à Verſailles, tu le verra de bien près.

LE MAÎTRE D'ÉCOLE.

Et la Reine?

LE CURÉ.

Et la Reine auſſi.

LE MAÎTRE D'ÉCOLE.

Je mourrai content quand je les aurai vus tous trois. Quand nous retournerons au village je raconterai tout cela à ma femme, â mes enfans, & à mes amis. Et puis, quand je rencontrerai notre Seigneur, qui, avec ſon caroſſe à ſix che-

vaux, ne daigne pas seulement nous regarder, lorsque nous mettons chapeau
bas, je lui dirai : ma foi, Monsieur, vous
êtes plus fier que le Roi, que la Reine,
& que l'Empereur. Ils sont charmans
& populaires; & vous, vous nous re-
gardez comme de la boue.

LE CURÉ.

Tu es surpris de cela, mais moi, je
ne m'en étonne pas. C'est que les grands
personnages sont affables, & les gens de
fortune sont presque tous aussi hauts que
le tems. Tu sais bien que Turenne,
dont tu lisois l'histoire l'année passée,
causoit familièrement avec ses soldats; tu
n'as pas oublié que donnant un jour une
prise de tabac à un d'entr'eux, tandis que
ce soldat admiroit sa tabatière d'or, il
dit : *Te fait-elle plaisir, mon ami; prends,
c'est pour toi; je te la donne.* Le grand
Condé aimoit à se trouver au milieu des
habitans de Chantilly, comme un père
se plaît à voir autour de lui ses enfans
& à converser au milieu d'eux.

LE Maître d'École.

C'eſt vrai, Monſieur le Curé. Henri IV. faiſoit auſſi comme cela.

LE CURÉ.

Le Pere de ce grand Empereur , dont tu admires tant la bonté , l'affabilité & la noble ſimplicité, a expoſé généreuſement pluſieurs fois ſa vie , pour rendre des ſervices importans à ſes ſujets. Son exemple eſt plus louable qu'imitable , dira -t- on; j'en conviens ; mais un grand cœur n'eſt pas toujours le maître de réfléchir. Dans des momens preſſans, on fait le bien pour le bien même , & l'amour de l'humanité nous entraînant, nous empêche de prévoir toutes les ſuites.

LE Maître d'École.

Comment , ce bon Prince expoſoit ſa vie pour rendre ſervice à un de ſes ſujets!

LE CURÉ.

Oui : s'il arrivoit un incendie , il paroiſſoit ſur le champ, pour conſoler le Citoyen qui perdoit ſon bien, pour lui donner quelques ſecours effectifs, & pour faire arrêter, par ſes ordres & à ſes frais, les funeſtes ravages du feu. Dans une inondation, il portoit des ſecours & des nourritures à ceux dont les maiſons étoient prêtes à être ſubmergées. Quoi! tu pleures & tu gémis, mon cher ami?

LE MAÎTRE D'ÉCOLE.

Ah! Monſieur le Curé, peut-on ne pas pleurer, quand on vous entend dire de ſi belles choſes. De pareils Princes ne devroient jamais mourir, & c'eſt leur mort qui me fait gémir.

LE CURÉ.

Conſoles-toi, mon cher, le Ciel nous a donné, dans leurs deſcendans, des Princes qui nous aimeront autant, qui feront toujours auſſi grands, auſſi généreux, auſſi populaires, & qui feront conſiſter leur gloire à mériter de pareils regrets.

(93)

Lorſque M. le Comte de *Falckenſtein* fut au Louvre voir la gallerie d'Apollon dont la vue eſt très - magnifique ſur la campagne , & d'une étendue immenſe ſur la Ville ; une des perſonnes qui l'accompagnoient lui dit , que c'étoit HENRI IV qui avoit fait bâtir cet angle avancé, pour découvrir tout Paris: notre Illuſtre Voyageur reprit : „ Je ne m'en „ étonne point , HENRI IV ſavoit tou- „ jours bien ſe placer."

❀

Toutes les fois que ce Prince alloit à Verſailles , une foule innombrable de monde l'accompagnoit dans les prome- nades qu'il faiſoit toujours à pied , ſoit avec le Roi , la Reine ou *Monſieur*. Un jour qu'il étoit à la *Piece des Suiſſes* , il jetta un coup d'œil ſur les perſonnes qui l'entouroient & dit au Roi : „ Nous voilà „ en grande & bonne Compagnie." On aſſure qu'il y avoit plus de trois mille ames.

On raconte que ſe trouvant un jour

chez la Reine , il fit dire , felon fon uſage , à M. le Prince de Liſtenois , Vice - Amiral de France & Prince du Saint-Empire , qui venoit d'arriver , que M. le Comte de *Falckenſtein* demandoit à lui être préſenté. M. de Liſtenois accourut ; & dans la converſation , il dit qu'il ſe propoſoit d'aller faire ſa cour à Vienne à M. *le Comte* , qu'il lui répondit : *Vous ne m'y verrez pas plus brillant qu'ici , à l'exception de dix ou douze jours dans l'année , où je ſuis obligé de repréſenter l'Empereur.*

⁂

Les Poiſſardes furent ſaluer l'Illuſtre Voyageur à ſon hôtel , rue de Tournon ; on aſſure qu'elles dirent à-peu-près ce compliment.

„ Monſeigneur l'Empereur, (pardon , „ nous ſçavons bien que vous l'êtes , „ mais votre Suiſſe nous a défendu de „ vous appeler ainſi :) La France ne „ ſçauroit trop ſe féliciter de recevoir „ dans ſon ſein , une perſonne comme

„ vous, un Prince fi généreux, qui verfe
„ l'or & l'argent à pleines mains. „

On ajoute, qu'une de ces femmes fe
jetta à fes genoux: & baifant le pan de
fon habit, elle s'écria: „ *Heureux le peu-*
„ *ple, Monfieur le Comte, qui paye les*
„ *galons de vos habits.* „ Il faut remar-
quer, que M. le Comte de *Falchenftein*
ne porte ordinairement qu'un fimple habit de drap.

❀

Dans fes Voyages lorfqu'il expédie des
couriers à Vienne, il a la bonté d'aver-
tir tous fes Domeftiques depuis le premier jufqu'au dernier, de lui remettre
leurs lettres pour qu'il les faffe joindre à fon
paquet. On dit qu'ayant remarqué que
l'un d'eux n'avoit pas écrit, il lui demanda pourquoi il ne lui apportoit pas
de lettre: fur ce que celui-ci lui dit qu'il
manquoit de papier & d'encre, *tu n'avois*
qu'à m'en demander, lui répondit-il.

❀

Cet Augufte Voyageur, vifitant la
Gallerie des plans à l'Hôtel Royal des

Invalides, (ci-devant cette immenfe & précieufe collection étoit au Louvre) les examina tous les uns après les autres, avec la derniere attention; il apperçut qu'un plan n'étoit point exact: il dit aux perfonnes qui l'accompagnoient: „ Mef-„ fieurs, le plan de cette fortification „ n'eft point levé exactement; voici tel „ ouvrage qui eft à gauche; au lieu d'è-„ tre à droite, & voici tel autre ouvrage „ qui eft à droite, au lieu d'être à gauche„

❖

Le lecteur nous faura gré de lui faire connoître une piece de vers de M. *Saurin* de l'Académie Françoife; elle mérite d'ê= tre lue, à caufe du fujet.

Sous l'appareil de la grandeur
Nous aimons à voir la fplendeur
Des vertus qu'en vous on renomme;
Et plus vous cachez l'Empereur,
Plus vous faites admirer l'homme,
Un peuple aimable & doux, peut-être un peu
léger,
Epris du vrai mérite, & fâchant le juger,
Vous

Vous voit d'autant plus grand que vouliez
moins l'être.

Ah! foyez toujours notre ami!
Que de l'Aigle & des Lys pour le bien de la terre
Tout refferre le nœud par l'amour affermi.
France, a jamais des fruits d'une union fi chére,
Puiffes-tu goûter la douceur!
Et ne jamais avoir, en adorant la fœur,
Qu'à former de vœux pour le frere.

✳

ACROSTICHE.

Je vais chanter JOSEPH & fes vertus;
O le bon Prince, ô le nouveau Titus!
Soyez, ainfi que lui, humains & fecourables,
Et n'écoutez jamais les difcours des flatteurs.
Pour les méchans devenez intraitables;
Habitez avec les neuf fœurs,
Secondez, comme lui, la vertu débonnaire.
En vos pays, comme JOSEPH en fes climats,
Confolez l'orphelin fous les triftes frimats.
O Rois! ô Grands! ô Puiffants de la terre!
Ne fongeons, chers amis, qu'à benir l'Empereur;
De mille infortuné il a fait le bonheur.

✳

G

IMPROMPTU.

Chantons la sœur & le frere,
Chantons le frere & la sœur.
Dis avec moi ma Glycere,
Rien n'est si bon que le frere,
Rien n'est si beau que la sœur.
Quel généreux caractere,
On voit briller dans le frere !
Quelle noble douceur
Accompagne la sœur !
Ce sont des Dieux sur la terre.
Répétons tous deux en chœur ;
Rien n'est si bon que le frere,
Rien n'est si beau que la sœur.
On honnore le frere,
On adore la sœur.
Si la raison austere,
Ou la vertu severe,
Trouvoit ce ton flatteur,
Je lui dirois, ma chere,
Point ne suis Orateur :
Ce refrain part du cœur,
Et du cœur le plus sincere.

Un ancien Officier Autrichien, ayant une modique penſion & inſuffiſante pour nourrir ſa famille un peu nombreuſe, fut trouver l'empereur, lui dévoila ſa triſte ſituation, en implorant ſa bienfaiſance, & ajouta qu'il avoit *dix* Enfans vivants. Sa Majeſté Impériale voulant s'aſſurer de la vérité, fut elle-même déguiſée chez le vieux Militaire: en effet, elle compta les Enfans, & en trouva *onze*. *Onze*, dit l'Empereur?.. „ C'eſt „ un pauvre Orphelin que j'ai pris par „ compaſſion, & il ne m'en coûte pas „ d'avantage, dit le père de famille „. Ce Prince ému de la candeur de cet Officier, fit donner cent florins à chacun de ces enfans.

JOSEPH II. peut être ſurnommé ſans flatterie le TITUS de l'Allemagne. Ses bienfaits multipliés forment un faiſceau de preuves pour lui accorder ce titre, le plus beau de tous. Pendant le peu de tems qu'il a reſté en France, il n'a pas paſſé un jour ſans faire du bien à quelqu'un. C'eſt ainſi qu'il vit à Vienne & qu'il voyage dans ſes États. On peut

lui appliquer ces vers que Boileau fit
pour un Roi :

      Vraiment Roi qui sage en ses projets,
Sache en un calme heureux maintenir ses sujets,
Qui du bonheur public ait cimenté sa gloire,
Il faut pour le trouver courir toute l'histoire.
La terre compte peu de ces Rois bienfaisants,
Le ciel à les former se prépare long-tems.
Tel fut cet EMPEREUR sous qui Rome adorée
Vit renaître les jours de Saturne & de Rhée :
Qui rendit de son joug l'Univers amoureux ;
Qu'on n'alla jamais voir sans revenir heureux,
Qui soupiroit le soir, si sa main fortunée
N'avoit par ses bienfaits signalé la journée.

⁂

BARRIERES devant les Maisons Royales & devant quelques Hôtels à Paris.

En France, tout Citoyen a le droit
de faire poser des *Barrieres*, lorsqu'une
Tête couronnée a demeuré dans la maison dont il est propriétaire; mais ajoutent quelques Antiquaires, il faut que le
Prince n'ait point gardé l'*incognito*. Or
JOSEPH II. Empereur d'Allemagne, a de-

meuré dans l'Hôtel de *Tréville* né de Tournon, gardant toujours le plus grand *incognito* fous le nom de Comte de *Falckenftein* : donc le fieur *Chéling*, propriétaire de ladite maifon, n'a pas le droit de faire pofer des *Barrieres*. Nous n'avons rapporté ceci que pour faire connoître l'origine de celles que l'on voit encore aujourd'hui devant différents Hôtels de cette Capitale.

✳

L'hiftoire de France rapporte dans fes faftes, que les grands Officiers de la Couronne avoient une entiere jurifdiction fur tous ceux qui étoient par leurs charges, emplois ou métiers dans leur dépendance. S'il arrivoit quelque tumulte parmi le peuple, & s'il avoit quelque plainte fubite à porter, il s'affembloit devant la maifon de celui qui avoit le droit de juger & de punir les perfonnes de qui on avoit à fe plaindre.

Ce grand Officier, (foit le Grand-Aumônier, foit le grand Chambellan, foit le grand Ecuyer, foit le Connétable ou le Chancellier); ce grand Officier, dis-je, defcendoit à fa porte où il y avoit

G 3

une *Barriere* , pour n'être pas aſſailli par
le peuple, & ſur laquelle il s'appuyoit
pour entendre les griefs, écouter les plain-
tes & juger les cauſes.

Nous ajouterons que le Doyen des Maréchaux de France a le droit de *Barrieres*, comme repréſentant le Connétable :
le Gouverneur de Paris jouit du même
droit.

On remarquera que le Gouvernement
tolere, & même permet que ces *Barrieres* reſtent devant les Hôtels où elles
ſont poſées, quoique la perſonne qui y
demeure dans la ſuite, n'en ait pas le
droit. Il eſt vrai qu'elle ne peut pas les
faire rétablir ſous quelque prétexte que
ce ſoit, & qu'elle eſt obligée de les laiſ-
ſer tomber de vétuſté.

※

Le jour que l'Auguſte Voyageur fut viſi-
ter les Ateliers de tous les Peintres à qui le
Roi donne un logement dans ſon Château
du Louvre, après avoir monté tous les
eſcaliers, grands, petits, difficiles & peu
ſolides, le Public ayant ſçu que l'Empe-

reur étoit dans cet endroit, y venoit en foule pour le voir, & infenfiblement la cour fe rempliffoit d'autant plus, que le Commandant de la Garde, par un motif louable, avoit fait prendre les armes à plufieurs Soldats Invalides, & le tambour battoit. M. le Comte de *Falckenftein* s'étant apperçu de tout ce cortége, de tout ce peuple, fe trouva embarraffé, & pria M. le Comte d'*Angiviller*, de faire ceffer tout cet appareil, qu'il n'aimoit point; on lui repréfenta que c'étoit feulement pour lui faire place. „Oh! dit-il, „ je faurai bien paffer.

❀

Lorfque notre Illuftre Voyageur fut voir l'Atelier de M. *Couftu*, cet Artifte ne s'y trouva point, à caufe de maladie; mais il fe tranfporta chez M. *Souflot*, au Jardin des Thuilleries. Il y vit le Plan en relief du Bâtiment de l'Eglife de Ste. Geneviéve.

Ce Prince lui fit compliment fur le Maufolée de Monfieur le Dauphin & de

G 4

Madame la Dauphine, pere & mere de notre Augufte Monarque ; il entra avec ce fameux Sculpteur dans les plus petits détails de l'Art, & il en parla, comme un Artifte. Alors, M. le Comte d'*Angiviller*, Protecteur des Arts, profita de l'occafion pour donner à M. *Couftou* le Cordon de Saint-Michel, dont le Roi l'honoroit en confidération de fes Ouvrages, & non pas à caufe de fes fculptures de l'Eglife de Sainte Geneviéve, comme l'a dit la *Gazette de Leyde*.

❈

Nous croyons faire plaifir au Lecteur en lui faifant connoître le nouveau chef-d'œuvre de M. *Couftou*. En voici la defcription telle qu'elle nous a eté communiquée par ce célébre Sculpteur.

MAUSOLÉE de feu Monfeigneur le DAUPHIN, & *de feue Madame la* DAUPHINE,

„ Ce Tombeau deftiné à réunir deux Epoux, qu'une égale tendreffe avoit unis

pendant leur vie , préfente un Piédeftal ;
fur lequel font deux Urnes liées enfemble
d'une guirlande de la fleur qu'on nomme
Immortelle.

Du côté de l'Autel , l'IMMORTALITÉ
debout, eft occupée à former un faifceau
ou trophée des attributs fimboliques des
vertus de feu Monfeigneur le Dauphin ,
telles que la Pureté défignée par une branche de Lys ; la Juftice, par une balance ;
la Prudence par un miroir entouré d'un
ferpent, &c. Aux pieds de l'Immortalité
eft le Génie des Sciences & des Arts,
dont ce Prince faifoit fes amufemens.
A côté , la Religion auffi debout , &
caractérifée par la Croix qu'elle tient,
pofe fur les Urnes une couronne d'étoi-
les , fimbole des récompenfes céleftes ,
deftinées aux vertus chrétiennes , dont
ces Epoux ont été les plus parfaits modeles.

Du côté qui fait face à la nef de l'E-
glife, le Temps, caractérifé par fes attributs , étend le voile funéraire déja pofé
fur l'Urne de Monfeigneur le Dauphin,
mort le premier , fur celle qui eft fup-

poſée renfermer les cendres de Madame
la Dauphine. A côté, l'Amour conjugal,
ſon flambeau éteint, regarde avec douleur
un Enfant qui briſe les chaînons d'une
chaîne entourée de fleurs, ſimbole de
l'Hymen.

Les faces latérales, ornées de cartels
aux armes du Prince & de la Princeſſe,
ſont conſacrées aux Inſcriptions, qui
doivent conſerver à la Poſtérité, la
mémoire de leurs vertus."

❧

*VERS envoyés à M. le Comte de FAL-
CKENSTEIN par un Officier François.*

En vain l'aſtre du jour ſe couvre de nuages,
Des rayons échappés décèlent ſon éclat :
Couvert de poudre, à pied, ſous l'habit d'un ſoldat,
Trajan de l'Univers enlevoit les ſuffrages.
Si du faſte du trône environnant tes pas,
Tu venois dans Paris étaler ta puiſſance,
Le peuple eut admiré tes habits, ton fracas,
Ton char majeſtueux, ta ſuperbe opulence ;

L'homme auroit difparu. Mais digne imitateur
Des antiques héros qui brillerent dans Rome,
Paré de tes vertus, tu voiles ta grandeur,
Et le François furpris ne voit que le grand-homme.

※

CORTEGE DE L'EMPEREUR.

La Bienfaifance le précede,
La modefte vertu fe tient à fon côté :
A la vertu l'humanité fuccede,
Et la marche finit par l'immortalité.

(*Ces quatre Vers font d'une Dame*
de Verfailles.)

※

VERS

APRES LE DÉPART DE L'EMPEREUR.

A M. le Chevalier DU COUDRAY.

Amateur des talens, favant fans y prétendre,
De nos luths interdits que devez-vous attendre,
   Malgré des hommages bien dus,
   Comment ofer chanter un Sage
   Quand il veut cacher fes vertus ?

À l'exemple des Dieux, qui reſtent inconnus,
    On l'offenſe par un hommage.
Cependant je l'ai vu, cet aimable Empereur;
    J'en reçus un ſalut flatteur,
Et de le célébrer je n'aurai point l'audace;
Je m'en vais renfermer tous mes vœux dans
    mon cœur....
Mais comment faut-il donc que mon pauvre
    cœur faſſe?

Par Madame GUIBERT.

DESCRIPTION d'un Tableau consacré à la gloire du Roi & de M. le Comte de Falckenstein, sur son voyage en France.

Sur le penchant d'une colline qui borde la campagne la plus riante, & partage l'horison, s'élève au milieu d'un bosquet, dont la Nature seule prend soin, un Temple consacré à l'Amitié ; son elégante simplicité, sa situation agréable, les sentiers délicieux qui y conduisent, tout annonce le séjour de la Divinité la plus chère au bonheur des Mortels.

Là, vous voyez la Reine qui, sous l'emblème de la France, & pour témoigner que ce Temple doit rester à jamais ouvert, en fait enlever les portes, & ordonne à la Sincérité & à la Constance de les précipiter dans la Seine qui coule au bas de la colline & traverse la plaine.

Ces portes en tombant, entraînent avec elles les Monstres perfides & destructeurs qui troublent la concorde qui doit regner entre les Rois, pour la félicité des peuples.

Le Tems, après avoir brisé & jetté
sa faulx loin de lui, s'appuye sur le
fronton du Temple, & le décore du
cercle de l'Immortalité, sur lequel est
gravé *Éternelle Amitié.* Ce cercle environne, en forme de bordure, l'écusson
de France & celui d'Allemagne.

Un Autel dressé, au fond du Sanctuaire, est entouré de l'Hymen, de la
Sagesse & de la Vertu, qui y offrent
un sacrifice, & brûlent des parfums en
l'honneur de la Déesse.

L'Humanité, avec les attributs de la
Renommée, & suspendue dans les airs,
annonce l'arrivée du Comte de *Falckenstein.*

La Modestie le devance, & plusieurs
Génies groupés forment un cortége céleste.

Le Comte est conduit par LOUIS XVI,
qui lui montre du doigt le Temple de
l'Amitié ; ils sont suivis des principaux
Seigneurs qu'ils honorent de leur confiance ; leurs traits ressemblans, les font
d'abord reconnoître.

Un Peuple nombreux defcend de la colline, une partie eft déja dans la plaine & accourt pour jouir du plaifir délicieux & toujours nouveau de voir & de bénir les Maîtres.

Dans le bas, à l'entrée de la Ville, dont on voit l'amas confus des édifices, le Goût, fous la figure de M. le Comte d'*Angiviller*, encourage les Arts à perfectionner un Obélifque élevé, & au haut duquel la Paix achève de pofer un globe.

Sur ce globe font tracés le Rhin, le Danube, & les principaux Fleuves de la France, qui fe réuniffent & vont fe perdre enfemble dans le vafte Océan.

Un Hercule, monté fur le focle de l'Obélifque, reçoit des mains du Génie de la France & de l'Allemagne, une Infcription en bronze; on y lit ces mots : *Ad gloriam Regni, felicitasque Populorum.*

Tous les Arts travaillent avec ardeur. Ils achèvent les bas-reliefs qui doivent décorer les quatre faces du piédeftal de l'Obélifque. Ces bas-reliefs font difpofés de maniere qu'on diftingue parfaitement le fujet de chacun.

Le premier, qui eft deftiné pour être placé du côté de la Ville, repréfente une machine électrique, emblème de cette activité, de ce feu, pour ainfi dire élémentaire, qui doit toujours animer l'efprit du Gouvernement.

Cette machine, foutenue par la Prudence & le Courage, eft furmontée d'un Aigle & d'un Coq portant pour crête un Soleil, fymbole de l'Empire & de la France.

Les aigrettes de feu qui en émanent vont frapper, à l'aide d'un conducteur, un bouclier fur lequel font les attributs de la Juftice des hommes, les récompenfes de la valeur & des Arts.

Ce bouclier, pofé fur les attributs de la Fidélité & de la Religion, eft orné d'une guirlande compofée deFleurs-de-Lys, de myrrhe & de lauriers.

Cette

Cette guirlande paffe dans un anneau que l'Aigle & le Coq tiennent ensemble, comme emblême de l'alliance entre la France & l'Empire.

Le fecond bas-relief offre un des principaux traits de bienfaifance du Roi & de la Reine.

Le troifieme, marque l'arrivée du Comte de *Falckenftein* en France, au moment où la Reine le préfente à fon augufte Epoux.

Le quatrieme, repréfente le Comte de retour dans fes Etats. Affis fous un palmier, fur la pente d'une colline, d'où il paroît fixer fa Capitale, il eft appuyé fur fa main gauche, & dans l'attitude d'un Prince qui médite fur tout ce qu'il a vu, afin de rendre fes Etats plus floriffans, & fes Peuples plus heureux. Sa main droite tombe fur un rouleau de papiers où l'on lit : *Journal de mes Voyages*. On voit à fa gauche l'Efprit des Loix, & Télémaque ouvert au Chapitre de *Salente*.

H

On voit auffi venir à lui un bon Laboureur, qui le montre du doigt à fon fils; & femble lui dire: *Voilà notre Pere.*

Le fond du Tableau eft éclairé d'un Ciel pur & ferein; le Soleil, qui s'élève & colore le fommet de la colline, va darder fes rayons fur toute la campagne.

Tout enfin dans ce Tableau contribue à embellir un fujet digne de la majefté des Princes auxquels il eft confacré. On lit au bas ces deux Vers:

Peres de nos fujets, jurons ici tous deux
Que, d'un commun accord, nous les rendrons heureux.

Quels regrets de voir que le départ trop prochain du Comte de *Falckenftein*, empêche d'en expofer actuellement les premieres efquiffes! ce feroit au moins un hommage bien flateur pour un François qui voit dans l'augufte perfonne de ce Prince, tant de titres pour mériter celui que toute la Nation lui rend avec un fi grand plaifir.

C'est donc pour suppléer à l'impossibilité de les faire paroître, que le sieur C***, Inventeur de ce Tableau, en fait ici la description.

Son exécution confiée à un de nos plus habiles Peintres, le rendra sans doute digne d'être présenté à Sa Majesté LOUIS XVI.

Quelle gloire pour cet Artiste, si ce Monarque daignoit l'agréer & le désigner pour un de ceux qu'il destine à l'ornement de sa Galerie du Louvre !

Ce Tableau, de six pieds de hauteur sur dix de large, sera gravé en taille-douce dans les proportions suffisantes.

Le sieur *Laurent*, dont les talens se sont si heureusement manifestés, par la gravure des magnifiques Estampes, représentant le superbe monument consacré à la gloire du Roi & de la France, par M. l'Abbé de Lubersac, est l'Artiste qui sera chargé de graver ce Tableau.

Les soins & l'application qu'il se pro-

H 2.

pofe d'apporter pour rendre fon burin
digne d'un fujet patriotique, auffi pitto-
refque & auffi vafte, prouveront qu'il
veut mériter de plus en plus l'honneur de
contribuer à la gloire d'un Roi, qui a
bien voulu, ainfi que la Reine, le décorer du titre de leur Graveur.

Heureux fi l'Inventeur de ce Tableau
peut auffi mériter un regard favorable
de fes Maîtres !

Le defir qu'il a de contribuer au pro-
grès des Arts, lui fera recevoir avec reconnoiffance les confeils qu'on voudra
bien lui donner, pour la plus grande
perfection de ce morceau.

On obfervera feulement qu'en mettant
pour ainfi dire, par cette Defcription,
ce Tableau fous les yeux du Public,
quelques-uns de MM. les Artiftes, feront
affez honnêtes pour ne point enlever à
l'Auteur la gloire de le faire exécuter, en
en détachant des morceaux, & les faifant
paroître. C'eft dans cette confiance que tous
les Artiftes, & même les Poëtes, devroient

avec fécurité, pouvoir propofer d'avance
les fujets qu'ils veulent traiter, afin qu'en
confultant les Amateurs & les Maîtres eux-
mêmes, ils puffent, guidés par leurs
confeils, perfectionner leurs talens, &
les porter à un degré capable d'honorer
un fiécle, dont chaque Citoyen doit am-
bitionner de partager la gloire.

❀

M. le Comte de *Falckenftein* alla voir
le Pont nouveau de NEUILLY, chef-
d'œuvre de M. *Péronet*, premier Ingénieur
des Ponts & Chauffées de France, &
Chevalier de l'Ordre du Roi. Ce Prince
l'examina & l'admira beaucoup. Des perfonnes qui fe trouverent près de lui,
rapportent qu'il dit à ceux qui l'accompagnoient : *Meffieurs, le Pont de Trajan
fur le Danube ne vaut pas celui - ci ; les
François l'emportent fur les Romains.*

❀

A cette occafion Mlle. *Coffon de la*

Creſſonniere, a fait les deux Couplets
ſuivans.

Un jour ſans pompe vaine
L'héritier des Céſars ,
Aux rivés de la Seine
Vint admirer les Arts.
Parmi ce grand ſpectacle
De chefs-d'œuvres ſans prix ,
De NEUILLY le miracle
Etonna ſes eſprits.

Péronet pour ta gloire
Quel témoignage heureux !
Au temple de mémoire
On vous place tous deux.
Mais afin que ſubſiſte
Notre plus cher bonheur ;
Vive le grand Artiſte !
Et vive l'EMPEREUE !

✻

On ſait que notre auguſte Souveraine
ſe promenant à pied dans le Parc de
Verſailles du côté de Noiſy , Sa Majeſté
rencontra une petite fille portant un potager d'étain ; elle lui dit : ,, Que portez-

,, vous là , ma petite. --- Madame, c'eft
,, le dîner de mon pere & de mes freres
,, qui travaillent là-bas." La Reine décou-
,, vrit le potager pour voir la foupe, &
,, demanda avec quoi elle étoit faite.
Celle-ci répondit ,, avec du beurre & des
,, herbes ; trop heureux encore quand nous
,, en avons ! Quoi ? point de viande , repart
,, la Reine ; voilà un louis pour en acheter."

✳

Mademoifelle *Coffon de la Creffonniere*
a mis en vers cette anecdote intéreffante
qui a été gravée & préfentée à Sa Majefté.

La divine Antoinette un jour en fon chemin ,
   Rencontra fillette gentille ,
  Portant un potage mefquin.
  Trifte dîner de fa pauvre famille
  Qui travailloit au champ voifin.
  En queftionnant la jeune fille ,
   La Princeffe plaint leur deftin ;
Et du bon Roi HENRI montrant le caractere ;
  A la pauvrette elle dit auffi-tôt :
,, Prends cette piece d'or, & vas dire à ta mere
  ,, Qu'elle mette la *poule au pot.*

Allufion à ces paroles mémorables de

notre adorable HENRI IV qui vouloit que
tous les payfans de fon Royaume man-
geaffent le Dimanche une poule dans leur
pot.

✳

FABLE ALLÉGORIQUE.
LE LION VOYAGEANT INCOGNITO.

Pour régner avec grace & magnanimité,
Pour connoître en tous points les loix de l'é-
    quité,
Le Sultan des Forêts, à la fleur de fon âge,
  Mit un jour dans fes hauts deffeins
D'obferver inconnu d'autres Etats voifins.
(Roi qui fait obferver eft toujours un Roi fage)
  Des fimples Daims pour paroître l'égal
Dans fon antre il laiffa Sceptre & Bandeau
    Royal.
La Bonté, la Candeur, la Raifon, le Courage,
Formoient tout fon cortege en ce prudent
    voyage ;
  Mais en vain cacha-t-il fon nom,
   Et fon éclatante criniere ;
Certain air de grandeur déceloit le myftere,
  Chacun difoit : „ c'eft le Lion. ”
Quand il vint dans les bois que la Seine environne,
  Lieux charmans, où les lys,

D'une fleur des Germains font encor embellis!
Les Cerfs, les Daims, en foule entouroient fa
    perfonne,
Baifoient fes pas chéris, faifoient tous bas des
    vœux
Pour la profpérité d'un Prince généreux,
Qui fe montroit en tout digne de la Couronne.
    Chaque être enfin touché de fa vertu
S'eftimoit trop heureux de dire: *je l'ai vu*.

          Par Mlle. Coffon de la Creffonniere.

            ❤   ✳

ENVOI DE L'AUTEUR.

A M. le Comte DE FALCKENSTEIN.

O Vous, Monarque cher aux Filles de mé-
    moire !
Vous, qui pour acquérir une folide gloire
    Suivés un fentier peu battu :
Nouvel *Anacharfis* à nos cœurs bien connu
    Dans cet apologue ingénu,
Ma Mufe vient de tracer votre hiftoire.
    En vain couvert d'un voile épais
Vous croyez échapper aux tranfports de la
    France;

Oh! jamais la vertu ne peut cacher ſes traits,
Et dès qu'on l'apperçoit tout l'Univers l'encenſe.

✻

M. le Comte de *Falckenſtein* fut pendant ſon ſéjour dans notre Capitale chez
pluſieurs marchands, ſeul, ou accompagné de deux laquais qui reſtoient en ar-
riere. Il entra un jour dans la bouti-
que des Sieurs *Eſnaut* & *Rapilly*, Marchands d'Eſtampes au bas de la rue Saint-
Jacques, & demanda le Portrait de l'*Em-*
pereur. On lui en préſenta un cahier:
,, Quel eſt prix ?---- *Douze ſols.* ---- Ce
,, n'eſt point cher pour un *Empereur.* ,,
Le Voyageur en achete quarante, &
s'en va. ,,

✻

A MADAME BOURET.
Sur ſon hommage à l'EMPEREUR.

Muſe dont la plume féconde
A célébré tous les maîtres du monde,
Il te reſtoit une palme à cueillir;

Ta main habile à la faifir
A fu tracer l'augufte caractere
D'un Souverain qui veut régner en pere;
L'Europe qui fur lui fixe tous fes regards,
Voit la Vertu placée au trône des Céfars.

VERS A L'EMPEREUR.

Non, non, d'un brillant diadême
Rien ne peut cacher les rayons,
Sous fon voile JOSEPH brille malgré lui-même
Malgré fes foins nous le voyons.
Chaque trait, chaque mot trahit ce Prince
affable ;
Tout décèle à nos yeux un Monarque ado-
rable,
Que le ciel a formé pour d'autres que pour nous.
Du bonheur des Germains que nous ferions ja-
loux,
Si nous n'avions pas fon femblable !

LETTRE

Extraite du Journal des DAMES.

VOUS defirez, Madame la Marquife, favoir les détails du féjour de M. le Comte de *Falckenftein*, à Paris. Il eft fâcheux pour notre gloire que vous foyez abfente ; il eût encore mieux jugé de nos femmes, & n'eft-ce pas par les femmes qu'il faut juger des Nations ? Beaucoup de Princes ont voyagé *incognito*, & cet *incognito* a toujours été une affiche de plus. M. le Comte de *Falckenftein*, fait fe cacher avec modeftie, parce que cela lui eft commode, & fe faire deviner, fans trahir le myftere dont il a fait choix. C'eft de lui qu'une femme d'efprit auroit du dire : *il eft fimplement fimple*. Un Particulier ne peut pas être plus aimable. Il feroit fort difficile à un Empereur de l'être autant. Un art de M. le Comte de *Falckenftein* eft d'oublier, en apparence, tous les refpects qui lui font dûs, mais de la maniere la plus propre à en faire reffouvenir. Vendredi dernier tout fut témoin à l'Opéra de la fcène la plus

attendriffante. La Reine eft arrivée & à
été applaudie ; à cela rien de neuf. Bientôt M. le Comte de *Falckenſtein* eft venu
faire fa cour à la Reine dans fa loge. Il
ne fe montroit pas ; mais on le cherchoit.
Il a été apperçu ; les applaudiffemens ont
redoublé. Celui qui les excitoit s'y eft
dérobé un tems fans affectation, & s'y
eft enfin rendu avec grace. C'eft la Reine
elle-même qui à préfenté M. le Comte
de *Falckenſtein*, au Public. M. le Comte
alors, avec un gefte qui tenoit du refpect
& de la fraternité tout enfemble, a défi-
gné à fon tour la Reine aux Spectateurs,
comme l'objet vraiment digne de leurs
hommages. Auffitôt Madame, & Madame la Comteffe d'Artois ont donné
l'exemple. Toutes les mains ont parti à
la fois, parce que tous les cœurs étoient
d'accord ; & les larmes de notre jeune
Souveraine, en couronnant cette fcène
touchante, ont achevé de prouver au
peuple combien il a raifon d'aimer fes
Rois.

Adieu, Madame la Marquife. Puifque
vous êtes privé du plaifir de voir de près

celui qui peut faire du bien à la moitié
de l'Europe; continuez d'en faire à tout
un Village. J'ai l'honneur, &c.

Les larmes de la Reine, dont il est
parlé à la fin de cette lettre, ont donné
lieu à ce joli Quatrain que M. de *Pezal*
fit au Spectacle même. Il fut inspiré par
la scène dont il venoit d'être témoin.

> Si le peuple peut espérer
> Qu'il lui sera permis de rire,
> Ce n'est que sous l'heureux empire
> Des Princes qui savent pleurer.

LE VOYAGE MÉMORABLE.

CHÉRI de ses sujets, & modele des Rois,
Un bon Prince voulut par d'utiles voyages,
Des peuples différens étudier les loix;
  Et comparant les mœurs & les usages,
  Apprendre ainsi le grand art de régner.
Il part & rejettant ces pompeux équipages
Dont le faste & l'orgueil se font accompagner,
Il écarte Licteurs, faisceaux, sceptre & cou-
      ronne,

Écorce vaine, ornemens superflus ;
Ne se réserve rien de tout l'éclat du Trône,
Et se montre entouré de ses seules vertus.
C'est en vain qu'il prétend cacher un rang
     illustre,
    Il ne peut tromper les regards,
On reconnoît bientôt l'héritier des Césars :
Son modeste appareil devient un nouveau
    lustre.
Sous le ciel fortuné qui voit fleurir les Lys,
Aux Roses du Danube heureusement unis,
Son front majestueux tout-à-coup le décele :
Son port, sa voix, le feu dont son œil étincelle,
Tout annonce un Héros formé pour com-
    mander.
Sur ses pas on s'empresse, on veut lui rendre
    hommage,
A tous les monumens on court le demander :
    Mais touché d'un brillant suffrage,
    Il se dérobe à l'éloge flatteur,
    Et fuit l'entens d'un peuple admirateur.
Le besoin de savoir enflammant son courage,
    Il poursuit ses vastes projets ;
    Interroge tous les objets,
Et s'arrête à celui qui l'instruit davantage.
Il dédaigne souvent les Palais fastueux

Qne le Luxe inhumain éleve à la Molesse;
Pour voir, en soupirant, dans leurs réduits
      affreux,
La pâle Maladie, & la triste Vieillesse.
   La Renommée appiaudit à son cœur,
De ces traits généreux va publier l'histoire,
Découvre à l'univers l'auguste Voyageur,
   Et l'investit des rayons de la gloire.

Ainsi le vrai mérite & la simplicité
Ne sauroient échapper à la célébrité.

Par M. Cosson.

✸

 M. le Comte de *Falckenstein* voulant
voir le Palais, se fit conduire dans tous
les recoins du Sanctuaire de la Justice.
A son entrée dans la Grand'Chambre où
l'audience se tenoit, la Cour se leva &
le salua respectueusement. Le Premier
Président lui députa le premier Huissier,
pour le supplier de vouloir prendre séance,
mais il se tint à la Barre de la Cour;
il dit des choses très-agréables à M. *Sé-*
guier, Premier Avocat Général. M. le
Duc

Duc d'Orléans & quelques Ducs joigni-
rent le Prince au Parquet. Le Premier
Préfident l'accompagna à la Chambre des
Comptes, & eut l'honneur de le recevoir
dans fon Hôtel. Sa Majefté Impériale
avoit entendu à la Grand'Chambre la
caufe d'une Grandeffe d'Efpagne. M.
Séguier portant la parole, étoit obligé
de parler du Roi d'Efpagne; en habile
Orateur, il profita, de cette circonftance
pour faire l'éloge de l'*Empereur*. Ce difcours inopiné flatta infiniment Sa Majefté Impériale, & qui lui en fit faire fes
remercimens.

⁂

Ce Prince fut voir la Bibliothéque du
Roi, & le Cabinet d'Hiftoire Naturelle ;
dans ce dernier endroit il demanda des
nouvelles de M. le Comte de Buffon.
Comme on lui dit qu'il étoit indifpofé,
il voulut abfolument s'entretenir avec
lui, & fe fit conduire à fon appartement.
Ce favant naturalifte qui ne s'attendoit
pas à cet honneur, en fut confus, &
s'excufa de ce qu'il étoit en robe de

I

chambre. Le Prince le raſſura en lui diſant qu'il étoit très-bien pour recevoir la viſite d'un diſciple.

❊

Il eſt néceſſaire de détromper nos Concitoyens ſur un fait faux & abſurde rapporté dans une Gazette imprimée à Londres, ſous le titre de Courier de l'Europe, N°. 61. Le rédacteur après avoir dit, que M. le Comte de *Falckenſtein*, viſitant l'Hôtel-Dieu de Paris, étoit parvenu aux ſalles des femmes enceintes, ſes entrailles furent émues, par les cris aigus que ces malheureuſes pouſſoient dans la douleur de l'enfantement, il ajoute cette phraſe : „ Ce Prince dit à ce *groupe* „ *de Vierges*, (ce ſont les termes du „ Gazettier) *qui l'accompagnoient : Mes* „ *Sœurs, vous ne regrettez pas ſans doute,* „ *le vœu de VIRGINITÉ que vous avez* „ *fait.* „ Ces paroles ne ſont point ſorties de la bouche de JOSEPH II.

❊

A. S. M. I.

ÉNFIN vous offrez à mes yeux
Ce Prince que la renommée
A fait l'objet de tous les vœux :
Sans craindre d'en être blâmée,
Je brûlois de vous voir ; & jufqu'en ces climats
Que le Danube embellit & féconde,
Pour vous trouver j'euffe porté mes pas :
On doit chercher Titus jufques au bout du
monde.
Mais le fort, ce Dieu deftructeur
De tout projet fage ou flatteur,
Sçut aux élans de ma penfée
Oppofer un pouvoir vainqueur :
Par la fortune délaiffée ,
Je boudois dans un coin, oubliant le bonheur;
Vous paroiffez, je le retrouve,
A votre afpect, il s'offre à moi ;
Dans cet inftant mon cœur éprouve
Que ce bonheur que l'on croit loin de foi,
Le fentiment feul le découvre.
J'écoute chaque jour avec avidité ,
De vos vertus, de vos mœurs, de votre ame ,
Les rapports que la vérité

Fait fi naïvement, alors qu'on la réclame.
    Malgré mon fexe féminin,
    Nouveau Plutarque je compare
    Ce que le Ciel offrit de rare
    Dans le Regne Grec & Romain.
Après avoir exercé ma mémoire
    Sur des mortels rendus fameux
    Par les bienfaits ou par la gloire,
    Mon cœur préfére votre hiftoire,
    Que m'apprend un Peuple heureux.
    Que l'Europe à fon tour choififfe;
Philofophe par goût, je ne m'oppofe à rien:
Mais pourrois-je douter qu'elle ne m'applau-
      diffe;
Vous êtes fon héros, elle vous fit le mien.

            Par Madame de Montanclos.

        ❋

A M. le Comte de FALCKENSTEIN, par
  N. de M... Avocat au Parlement de
  Paris.

Je veux bien croire à ces prodiges
Que la fable vient nous conter,
A ces héros, à ces preftiges

Qu'on ne ceſſe de nous vanter.
Je veux bien croire à ce fier Diomède,
    Qui ravit le *Palladion*,
Aux meveilleux travaux de l'Amant d'Andro-
            mède,
Et même à tous ces fous qui blocquoient *Ilion :*
De tels contes pourtant ne ſont crus de per-
        ſonne !
Mais qu'un Prince, héritier de l'aigle des Cé-
        ſars,
Etudie en tous lieux, les loix, les mœurs,
        les arts ;
Pour faire des heureux qu'il deſcende du Trône ;
Que ce Roi Philoſophe & ce nouveau Titus
Tempere à nos regards l'éclat qui l'environne,
Et voyage entourré de ſes ſeules vertus,
Voilà ce que j'ai vu, voilà ce qui m'étonne.
        J'avoue avec l'antiquité
        Que ces Héros ſont admirables ;
        Mais par malheur ce ſont des fables,
        Et c'eſt ici la vérité.

VERS qui ont été faits pendant le ſéjour
    de L'EMPEREUR à la Cour.

GALLUS, GALLI CONJUX
ET AQUILÆ DOMINUS.
    Enigma, non fabula.

Aulam, crede mihi, vifens, tria numina vidi.
Juxta Aquilam*, in Gallo, Dimidioque fui.
Fabula, quò verum dicat, fictilia præbet;
Aft, ut vera loquar, nomina vera** loquor.

❈

TABLEAU ALLÉGORIQUE
DE LA REINE.

On avoit projetté l'année derniere de faire un tableau allégorique, où notre Augufte Souveraine devoit être repréfentée à MINERVE, avec tous fes attributs. Mademoifelle *Coffon* de la Creffonniere fit ce quatrain pour être mis au bas.

Non, Minerve n'a plus l'empire des beaux Arts,
Ils font épris d'une beauté nouvelle :
   Et pour Déeffe & pour modele
   Ils ont choifi la fille des Céfars.

---

  * *Scilicet in Domino Aquila.*
 ** *Rex Gallus, Germanus Rex, Regina que Galla.*

TABLEAU ALLÉGORIQUU

DE L'EMPEREUR JOSEPH II.

Nous propofons à nos célébres Artiftes, Peintres de l'Académie, le Tableau
allégorique fuivant : c'eft de repréfenter
tous les Arts, occupés à faire le portrait
de ce Prince avec ces vers au bas.

De ce grand Empereur tu vois tracer l'image,
Ses bienfaits font connus aux plus lointains
　　　　pays :
Tous les Arts à la fois veulent lui rendre hom-
　　　　mage ;
C'eft prouver que toujours les vertus font fans
　　　　prix.

F 4

L'incognito que S. M. I. a gardé en fortant de fa Capitale, a engagé un Prince d'Allemagne à le recevoir auffi *incognito* à fon paffage fur fes terres. Pour cet effet il fe chargea de l'emploi d'aubergifte dans une maifon qu'il avoit fait arranger en conféquence. Toute fa Cour y eut un emploi relatif au fervice de l'Illuftre Voyageur, qui avoua que cette hôtellerie étoit une des meilleures du pays. A fon départ on attela à fa voiture d'excellens chevaux, dont la bonne mine fit honneur au Maître de Poftes. Celui qui fe chargea de l'emploi de poftillon n'avoit point un habit de parade, à la vérité; une mauvaife perruque, des bottes crottées, & un furtout affez vieux, tel étoit fon ajuftement. Auffitôt que le Monarque fut monté dans fa voiture, le poftillon partit comme un éclair, & fut bientôt arrivé à l'autre Pofte. Le diligent poftillon fut appellé & récompenfé. S. M. I. lui propofa de faire encore une courfe. —— *Pourquoi pas*, dit-il, en homme du métier —— *Bois un coup, & partons.* —— *Deux, fi vous voulez, & je vous rendrai à fix lieues d'ici.*

(137)

On apporte au prétendu postillon une bouteille de vin; il la prend & verse, de la tète il salue le Monarque, & boit. On monte en voiture, & on lui promet récompense. ---- *Oh! pardi, je vous crois bien, Monsieur, je vois bien que vous n'étes pas vilain.* On arrive, on se rafraichit. Le postillon reçoit une poignée de ducats, qu'il prend, dit-il, sans compter, & disparoit à l'instant. *Je n'ai pas encore eu de si bon relais*, dit M. le Comte de *Falckenstein*, au nouveau Maître de postes. *Je le crois bien*, répondit celui-ci, *ce sont les chevaux du Prince de* ***, *& S. A. vous a mené Elle-même.* On donna ordre de courir après, mais il fut impossible de le rejoindre. L'Empereur sensible à cette galanterie, fit remercier le Prince de ***.

C'est toujours *incognito* que ce bon Prince voyage; il le garde même très souvent dans ses Etats. Il sait que c'est le moyen le plus sûr de s'instruire & de faire du bien à ceux qui en ont vraiement besoin.

Etant un jour dans une auberge, accompagné de deux perſonnes, & attendant le dîner commandé, arrive un Officier qui demande à loger ; il prie le Maître
de l'hôtellerie de le faire manger avec
quelqu'un. On lui répond qu'il ne ſe trouve
dans ce moment que trois Cavaliers, arrivés un peu avant lui, & qui paroiſſent
militaires. L'Officier fait demander aux
trois Cavaliers s'ils veulent le recevoir à
leur table ; ils y conſentent. Pendant le
dîner on parla beaucoup de l'art de la
guerre ; la converſation donna occaſion à
l'Officier de dire qu'il étoit né dans les
Etats de la Maiſon d'Autriche en Italie,
& qu'il avoit été réformé à la fin de la derniere guerre ; il ajouta que durant la paix
il étoit devenu pere d'une nombreuſe famille, aux beſoins de laquelle ſon bien ne
ſuffiſoit pas ; qu'il avoit pris la réſolution
de ſe remettre au ſervice, & que pour cet
effet il entreprenoit le voyage de Vienne,
à deſſein de ſolliciter de l'emploi. Un des
trois Voyageurs lui repréſente qu'on a
beaucoup de peine à en obtenir, parce
qu'il y a plus de ſujets à placer que de places
à remplir. L'Officier Italien expoſe de

nouveau les circonftances qui le forcent
à cette démarche. On continue de lui
repréfenter que s'il n'a pas les plus puif-
fantes protections, il lui fera impoffible,
de réuffir, qu'il feroit prudent de ne pas
aller plus loin pour éviter la dépenfe d'un
long féjour à Vienne. L'Officier perfifte,
dans l'efpérance, dit-il, que fes raifons,
fes amis, fes importunités mêmes le feront
réuffir ; mes enfans, ajoute-t-il, me re-
procheroient de n'avoir pas fait tout ce
qui eft en mon pouvoir pour rendre
meilleur leur fort & le mien. Un des
Voyageurs parut prendre un très-grand
intérèt à la fituation de cet Officier ; il
lui offrit une lettre de recommandation
pour le Général *Lafcy*, Préfident du Confeil
de Guerre. L'Italien l'accepta plus par
politeffe que par confiance dans la recommandation : la lettre fut écrite & cachetée
fur la table, après le deffert ; & on fe
fépara.

Arrivé à Vienne, l'Officier va rendre
fes devoirs au Préfident du Confeil ; il
eft très-affidu aux audiences ; il follicite,
il preffe, il importune ; il employe fes

anciennes connoiffances, mais il n'étoit pas plus avancé. Confondu dans la foule des demandeurs, il commençoit à fe défefpérer.

Vaincu par le mauvais fuccès, il étoit réfolu de retourner chez lui ; il vifite fes papiers avant d'exécuter fon projet, & trouve la lettre du Militaire avec qui il avoit diné ; il ne l'avoit point donnée au Miniftre, parce qu'il n'avoit pas jugé à l'extérieur de celui qui l'avoit écrite, qu'il pût avoir un grand crédit. En allant voir le Préfident du Confeil de Guerre pour la derniere fois, il préfente la lettre, & comme il favoit qu'elle avoit une affez longue date, il s'excufa de ne l'avoir pas rendue plutôt, fuppofant qu'il l'avoit égarée. *Connoiffez-vous celui qui vous a donné cette lettre*, lui dit M. de *Lafcy.* — *Non, Monfeigneur*, répondit l'Officier ; & il lui raconte comment il l'a reçue. *C'eft l'Empereur lui-même qui l'a écrite & qui vous l'a donnée*, ajoute le Miniftre ; *& il m'ordonne de vous donner tel emploi.* Il eft facile de deviner ce qui fe paffa, en ce moment, dans l'ame de cet Officier, & avec quelle ardeur il doit ſervir ſon Prince.

☆

Le 31 Mai, M. le Comte de *Falckenſtein* partit de Paris, emportant avec lui les regrets d'un peuple éclairé, & qui ſait apprécier le vrai mérite. On dit qu'en faiſant ſes adieux à Madame la Ducheſſe de Bourbon, à Chantilli, il s'eſt exprimé de maniere à faire eſpérer que nous aurons le bonheur de le poſſéder encore. On ſe rappelle avec plaiſir l'affabilité & la bonté qu'il a montrée ici pendant ſon ſéjour. En arrivant à Paris, l'un de ſes premiers ſoins a été de lever toutes les difficultés du cérémonial. Il a reçu des viſites, il en a fait beaucoup. Les choſes agréables qu'il a dites à tous ceux qui l'ont approché, les circonſtances & les à propos dont il ſavoit profiter, auroient fait croire aux courtiſans même, qu'il avoit paſſé toute ſa vie à Verſailles; on ne pouvoit le prendre pour un Etranger, car il n'étoit lui-même étranger à rien. Etant un jour dans l'œil de bœuf, il répondit à quelqu'un qui paroiſſoit étonné de le voir confondu dans la foule : *je ſuis accoutumé à cela , je vais ainſi tous les jours faire la cour à ma Mere.*

On a ignoré le jour de ſon départ juſqu'au moment où il a quitté cette Capitale : cependant comme on ſavoit qu'il devoit bientôt partir , M. le Baron d'Ogny , Intendant général des Poſtes , alla lui demander ſes ordres pour lui faire tenir prêts les chevaux néceſſaires ſur ſa route. Ce Prince le remercia de ſon attention , & lui dit que ne voulant être annoncé nulle part , il ſe mettroit en chemin lorſque l'objet de ſon voyage ici ſeroit rempli. On voit qu'il a voulu ménager la ſenſibilité des auguſtes perſonnes qu'il devoit quitter. En voulant donner une idée même foible , des regrets univerſels que cauſe à Paris le départ de cet *Etranger* iluſtre , on craindroit de bleſſer la modeſtie & la ſimplicité qui lui ont fait éviter par-tout nos éloges , en augmentant chaque jour nos reſpects.

En fortant de Paris, cet augufte *Voyageur* prit la route de Normandie ; à quelques lieues de cette Capitale, il paffa devant la charmante maifon de *Magnanville*, appartenante à M. de Boullogne, & defira de la voir. Il y rencontra le célébre *Jéliotte* qu'il pria de chanter. Ce virtuofe s'étant placé au clavecin, chanta, à ce qu'on affure, comme au tems où fa voix raviffoit toute la France. M. le Comte de *Falckenfiein* l'en remercia dans les termes les plus obligeans.

Quelques heures avant fon paffage à la pofte des environs d'une petite Ville fur la route de Rouen, il arriva à fon Cuifinier une aventure affez plaifante. Le Curé du village attendoit depuis la veille chez le Maître des Poftes, pour faire au Prince un compliment. Il voit enfin arriver une voiture à fix chevaux où étoient plufieurs perfonnes ; il ne doute pas que l'Empereur ne foit au milieu d'elles ; il s'adreffe à celle qui a la meilleure mine, & veut débiter fon difcours. L'homme à la groffe face lui répond qu'il fe trompe, qu'il n'eft point l'Empereur. Le Curé imaginant que l'*incognito* eft la feule raifon du refus, s'excufe très-humblement, & cependant fupplie Monfeigneur de vouloir lui faire l'honneur d'écouter fa harangue. Le Cuifinier foutenoit toujours qu'il n'étoit point l'Empereur, mais plus il l'affuroit, moins le Curé le croyoit. Ne pouvant enfin détromper le bon Pafteur, le Chef de cuifine joue le Rôle de Prince, écoute & donne fa main à baifer. Deux heures après M. le Comte de *Falckenftein* paffe, mais le Curé fe réjouiffoit déja avec fes amis d'avoir parlé à un fi grand & fi bon Prince. Cette erreur comique a donné lieu à la chanfon qui fuit :

> Combien jufte il a le coup-d'œil
> Monfieur le Pafteur de *Donneuil* :
> Six chevaux traînoient dans un char
> Un gros Cuifinier de Céfar.
> Chez *Bertrand* le char s'arrêta,
> Le Curé s'y précipita.

Il s'écrioit de ſi bon cœur :
C'eſt vous, c'eſt vous, oui Monſeigneur,
De votre SOEUR pleine d'attraits,
Vous réuniſſez tous les traits :
J'attends depuis hier ici
L'inſtant fortuné que voici.

✤

Bien que des marmitons le Chef
Lui répond le *non* le plus bref;
Bien que ſon art laiſſe une odeur
Qui n'eſt point parfum d'Empereur,
Le bon Prêtre lui repartit :
Votre Majeſté vous trahit.

✣

A cet air auguſte & royal ,
A ce maintien noble & loyal
Vous êtes l'Illuſtre JOSEPH ,
Ou je ne ſuis qu'un i.... f.
Charmant Comte de Falckenſtein
Laiſſez-moi baiſer votre main.

✣

K

Le Serviteur fenfible & bon,
Généreux comme fon Patron,
S'appercevant que fes refus
Touchoient l'Abbé de plus en plus,
Sa groffe pate lui tendit,
Le rendit heureux: & partit.

✳

Rira qui voudra du Pafteur,
Pour moi j'excufe fon erreur.
Bons Cuifiniers, bons Souverains
Sont les plus aimables humains :
Nos plaifirs naiffent de leur foin,
On fe reffemble de plus loin.

✳

Sa Majefté Impériale eft reftée deux
jours à Rouen pour y examiner ce que
cette Capitale renferme de plus curieux,
& principalement les manufactures. Delà
Elle a pris la route de la Baffe-Normandie.

En entrant à Caen, ce Prince s'eft
apperçu qu'on avoit fait de grands prépara-
tifs pour le recevoir ; le zele incommode
des habitans de cette Ville l'a fait paffer

outre. Il s'eſt arrêtée à deux lieues au-
delà, dans le village de *Villiers*. Il étoit tard;
il ne trouva pour ſouper & pour coucher
que du fromage mou & de la paille. Cela
ne l'empêcha point de ſouper & de dormir
comme s'il eût été dans ſon palais. Ceux
qui languiſſent dans la molleſſe , dit un
Journaliſte , & qui ne trouvent pas d'édre-
don aſſez doux ſur lequel ils puiſſent
repoſer commodément, n'apprendront pas
ſans frémir que le lit de *Joſeph II* eſt une
grande peau de cerf qu'on étend ſur le
plancher , un peu de paille fraîche dont
elle eſt jonchée tous les ſoirs , ou ſi l'on
veut , une légere paillaſſe ſur laquelle on
place un drap , forme la couche du Souverain de l'Allemagne , & cette couche
le ſuit dans tous ſes voyages.

Le 3 de Juin, l'*Illuſtre Voyageur* arriva
à Dol en Bretagne vers les dix heures
& demie du ſoir. Le lendemain dès cinq
heures du matin , tous les habitans de cette
ville entouroient la maiſon où il repoſoit;
lorſqu'il parut, ſon air de popularité, com-
paré avec ſa grandeur réelle , excita une
admiration qui ne peut s'exprimer. Il partit
le même jour pour S. Malo ; il y logea

K 2

à son ordinaire dans une hôtellerie. Ayant appris que M. *Rose*, revenu depuis peu de l'Isle de France, & que M. de *Saint - Marc* habile négociant, logeoient vis-à-vis de sa chambre, il fut les trouver & s'entretint avec eux du commerce de l'Inde, pendant plus de deux heures. Le premier lui a laissé des mémoires dont il a paru très-satisfait. Ce Prince visita ensuite cette place & partit pour Brest, où l'on dit qu'il est resté quatre jours. Rien de ce qui est intéressant dans ce port n'est échappé à ses yeux, & il a généreusement récompensé dans les atteliers ceux qui l'ont instruit de ce qu'il vouloit connoître.

On raconte qu'avant d'arriver dans cette derniere ville, il fut obligé d'entrer dans un bac pour passer un bras d'eau; trois paysannes s'y trouverent avec lui. Comme on étoit prévenu de son passage, il fut reconnu. La plus hardie des paysannes fut à lui: *Monseigneur*, lui dit-elle, *vous êtes le biau frere de notre bon Roi*, — Oui, mon amie. — *Vous devriez biau lui dire de nous rendre nos hommes qui sont là-bas sur le battiau, pour*

*contrebande, ça nous rendroit bien joyeu-
ſes.* Le Prince ſe fit expliquer ce jar-
gon, & il apprit que les trois hommes
dont elle vouloit parler, étoient aux Ga-
lères pour contrebande. S. M. I. promit
ſa protection à ces pauvres affligées, &
écrivit Elle-même ſur ſes tablettes le nom
des trois hommes détenus à Breſt, pour
s'en ſouvenir lorſqu'Elle ſeroit arrivée
dans cette ville.

En quittant la Bretagne, ce Prince paſſa dans le Poitou, il s'arrêta à Saumur.
M. le Marquis de Poyanne qui l'attendoit à la porte de la ville, le conduiſit
ſur le terrein des manœuvres où il trouva le corps des Carabiniers en bataille ;
il examina avec la plus grande attention
les hommes, les chevaux & l'équipement.
M. le Marquis de Poyanne a fait manœu-
vrer ce Corps avec autant d'ordre que
de célérité. Le Prince qui étoit à che-
val, s'eſt porté dans tous les endroits
pour mieux juger de l'effet des mouve-
mens divers. Après avoir donné à la
troupe les éloges les plus flatteurs, S.
M. I. deſira de voir les Carabiniers à

pied ; ils défilerent devant Elle après la parade : Elle partit enfuite , & prit la route de la Rochelle par Tours , Bordeaux & Marfeille ne devoient pas être oubliés fur la Carte du Prince ; il a vifité ces Villes avec la même attention que toutes celles où il a paffé , & avec la même curiofité qu'il a montrée dans la Capitale. L'*incognito* dans lequel il voyage , le débaraffe de l'ennui de l'étiquette & des honneurs ; & il a fçu mettre à profit le tems qu'il a employé à traverfer la France.

Ceux qui fe flattent de favoir le fecret de fa marche, prétendent qu'après avoir vifité les côtes & les ports de France , ce Prince fortira du Royaume par Genève , & qu'il entrera dans la Suiffe ; ils prétendent auffi qu'il ira voir le célébre Philofophe de Ferney.

F I N.

APPROBATION,

J'ai lû par ordre de Monfeigneur le Garde des Sceaux la feconde édition des *Anecdotes hiftoriques de l'Illuftre Voyageur,* & je n'y ai rien trouvé qui ne mérite l'impreffion. A Paris ce 9 Juillet 1777.

D'HERMILLY.

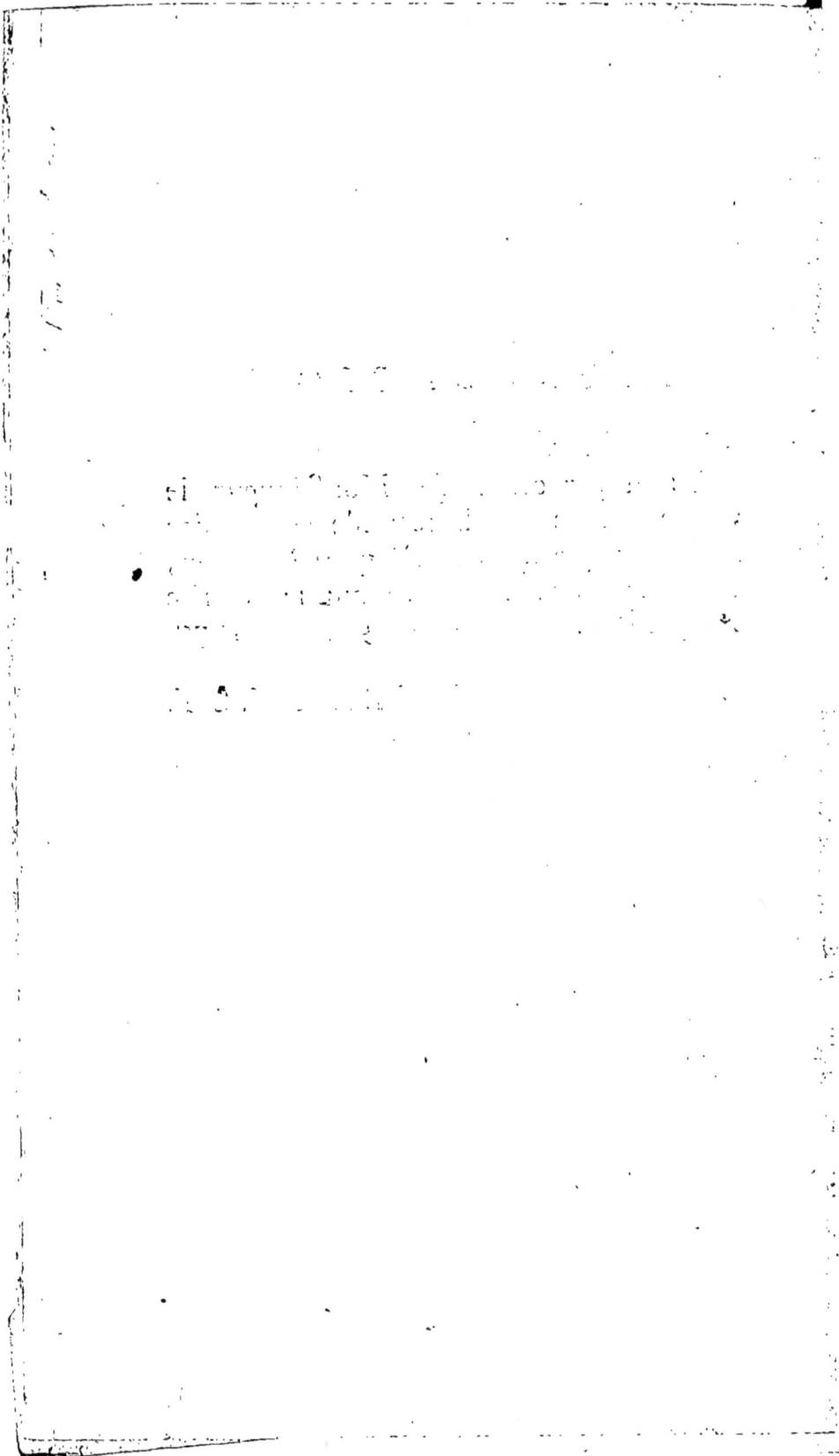

Lettre de M. de Reverdi, de Nyon en Suisse.

M. le Comte de Falkenstein a refusé les relais que les baillifs a=
=vaient en ordre de lui faire tenir prêts de ville en ville dans le
canton de Berne, & s'est fait mener, à la manière du pays,
par les mêmes chevaux, de Genève à Schaffhouse. La foule
qui l'obsédait dans tous les endroits où il s'arrêtait a pami
lui déplaire, & a été cause qu'il n'est point sorti à Rolle.
A Lausanne, qui était sa première couchée depuis qu'il
voyageait si lentement, il remarqua dans sa chambre son
portrait orné de guirlandes, & sous lequel on avait écrit
ce quatrain :

> Ne rencontrer partout que des admirateurs,
> Se dérober à leurs justes hommages,
> Faire le bien, s'instruire & gagner tous les cœurs,
> C'est l'histoire de ses voyages.

Le portrait & les vers attirèrent ses regards. Il demanda
de qui tout cela pouvait être. L'hôte lui dit que l'un &
l'autre venait d'une Hollandaise qui logeait dans le voi=
=sinage, & ajouta, comme sans intention, que sa maison
était à deux pas, qu'elle dominait le lac, & que de sa
terrasse on avait la plus belle vue du monde. Ex
voy. corresp. de Grimm. 1777. T: 4: p. 76.

www.ingramcontent.com/pod-product-compliance
Lightning Source LLC
Chambersburg PA
CBHW050001100426

42739CB00011B/2466